몽양 여운형 이야기

몽양 여운형 이야기

초판 1쇄 발행 2017년 11월 7일

지은이 · 강현미
그린이 · 신가영
기　획 · 양평군
펴낸이 · 김요일
펴낸곳 · 아이들판

주소 · 서울시 마포구 신수로 59-1(04087)
대표전화 · 02-702-1800 팩시밀리 · 02-702-0084
이메일 · idolpan@idolpan.com
홈페이지 · www.msp21.co.kr
페이스북 · www.facebook.com/munsebooks
출판등록 · 제10-2556호(2003.1.22)

값 12,000원
ISBN 978-89-5734-068-4 73810
ⓒ 강현미, 신가영, 양평군, 2017

이 도서의 국립중앙도서관 출판예정도서목록(CIP)은 서지정보유통지원시스템 홈페이지
(http://seoji.nl.go.kr)와 국가자료공동목록시스템(http://www.nl.go.kr/kolisnet)에서
이용하실 수 있습니다.(CIP제어번호 : CIP2017028279)

어린이제품안전특별법에 의한 제품 표시
제조자명 아이들판 제조년월 2017년 11월 제조국 대한민국 사용연령 10세 이상 어린이 주소 및 연락처 서울시 마포구 신수로 59-1 2층(04087), 02)702-1800

몽양 여운형 이야기

강현미 글 | 신가영 그림

아이들판

머리말

과거로 시간 여행을 떠나면 어떨까?

나는 양평에 살고 있습니다. 어느 날 문득 '내가 사는 양평의 옛날 모습은 어땠을까?'라는 생각을 했습니다. 옛날 양평에 살던 아이들은 어떤 놀이를 하며 살았을까? 어떤 집에서 살았을까? 어떤 음식을 먹었을까? 교통수단은 어땠을까? 어떤 옷을 입었을까? 위대한 인물도 있었을까? 이렇게 궁금한 질문이 꼬리에 꼬리를 물었습니다. 곰곰이 생각을 하다가 나와 같은 궁금증을 갖고 있는 친구들의 호기심을 조금이라도 풀어 주기 위해 시간 여행 동화책을 쓰기로 결심했습니다.

이 책의 주인공인 '몽양 여운형'은 경기도 양평에서 태어난 위대한 독립운동가입니다. 몽양夢陽은 꿈에서 태양을 보았기 때문에 붙여진 호입니다. 그래서 『몽양 여운형 이야기』 주인공의 이름은 태양이입니다. 또 다른 주인공인 구름이는 현재 양평에 살고 있는 초등학교 학생입니다. 태양이의 고향과 똑같은 양평에 사는 초등학생 구름이가 과거로 시간 여행을 떠납니다. 시간 여행을 하면서 구름이는 가슴속에 온 세상을 환하게 밝히는 태양과 같은 마음을 품게 되어 나라를 사랑하는 마음을 갖고 독립운동에 앞장서게 됩니다.

여러분은 지금 어디에 살고 있나요? 여러분이 사는 마을의 과거로 시간 여행을 떠나면 어떨까요? 그곳에서 태양이와 같은 멋진 친구를 만날 수 있을까요? 자신이 발 딛고 살고 있는 마을을 하나하나 알아가는 재미있는 모험을 떠나 보면 어떨까요?『몽양 여운형 이야기』를 읽으면서 여러분도 자신이 살고 있는 마을의 과거 모습을 상상해 보면 좋겠습니다. 그곳에서 우정을 나누는 친구를 만나는 상상은 더욱 멋질 것입니다.

2017년 11월에
양평에서 강현미

차례

머리말 과거로 시간 여행을 떠나면 어떨까? 4

'조선 스포-쓰 도장' 9

사라진 구름이 18

태양이를 만나다 27

모든 사람은 평등하다 37

열네 살의 꼬마 신랑 45

서울로 가는 태양이 53

야구 시합 62

배재학당을 그만두다 69

일본인들하고는 일하지 않겠다 74

노비를 풀어 주다 81

떠드렁섬으로 가자 89

초당의숙에서 학생들을 가르치다 99

중국으로 떠나는 태양이 108

일본에서 웅변하다 116

나라의 독립을 위해 124

더 알아두기 몽양 여운형 선생은…… 132

'조선 스포-쓰 도장'

자전거 페달을 힘차게 밟는 구름이의 콧등에 땀이 송골송골 맺혔다. 양수역에서 자전거를 빌려 타고 달린 지 얼마 지나지 않아 캄캄한 터널로 들어왔다. 시원한 바람이 불어 땀이 확 식는 느낌이었다. 터널 안은 반짝반짝 빛나는 불이 군데군데 켜져 있었다. 구름이 앞에서 자전거를 타고 있는 엄마의 뒷모습이 보였다 안 보였다 했다.

"잠깐 쉬어 갈까?"

터널을 빠져나간 엄마가 자전거를 멈추고는 뒤돌아보며 물었다.

"아니, 괜찮아요."

구름이는 큰 소리로 대답했다. 자전거를 타고 달리면서 느낄 수 있는 시원한 바람을 온 몸으로 더 느끼고 싶었다.

한참을 가다가 엄마가 자전거를 멈추었다. 구름이도 엄마를 따라 자전거를 멈추었다. '부용산 약수터'라는 푯말이 보였다.

엄마는 졸졸 흘러나오는 약수터 물을 마시고는 가지고 있던 물통에 약수를 담았다. 구름이도 엄마를 따라 약수터 물을 마셨다. 차가운 물이 목에 넘어가자 상쾌한 기분이 들었다.

"구름아, 가자."

엄마의 목소리를 듣고 구름이는 엄마보다 앞서 자전거 페달을 밟았다.

자전거 속도를 조절하면서 언덕을 내려오는데 향기로운 바람이 불었다. 바람 속에서 희미하게 아카시아 향기가 났다. 앞서 내려가던 엄마가 언덕 중간쯤에서 자전거를 멈추었다. 구름이도 엄마 옆에 자전거를 멈춰 세웠다. 그곳에서 아래를 내려다보니 저 멀리에 남한

강이 보였다.

"여기서 점심 먹고 가자."

아침에 엄마가 싼 김밥을 배낭에서 꺼내면서 말했다. 구름이는 엄마가 해 주는 김밥이 세상에서 가장 맛있다고 생각했다. 특히 엄마가 김밥을 쌀 때 옆에서 주워 먹는 김밥 꽁다리가 최고로 맛있었다. 김밥을 다 먹고 엄마가 쓰레기를 정리해 배낭에 다시 넣었다. 구름이는 앉아 있던 벤치에서 일어나 주위를 돌아다녔다.

'조선 스포-쓰 도장.'

구름이와 엄마가 점심을 먹던 장소의 이름이었다.

'이름이 참 이상하네. 스포-쓰는 스포츠를 말하는 거 같은데……. 어, 이건 뭐지?'

이마가 넓고 콧수염을 기른 아저씨가 웃통을 홀딱 벗고 있었다.

'이 아저씨는 춥지도 않나?'

구름이는 그 아저씨 앞에 서서 아저씨를 바라보았다. 구름이와 눈이 마주친 아저씨가 갑자기 오른쪽 팔을 쑥 내밀었다.

"엄마, 엄마, 이리 와 보세요."

"구름아, 왜 그러니?"

"이거 보세요. 벌거벗은 아저씨가 저한테 팔씨름하자고 그래요."

"이 까만색 버튼이 작동 버튼인가 보다. 엄마가 한 번 해볼까?"

엄마는 버튼 하나를 누르고는 팔씨름 기계의 오른쪽 손을 잡았다.

"엄마, 이겨라. 엄마, 이겨라."

구름이는 옆에서 엄마를 응원했다. 엄마가 팔에 힘을 주자 힘줄이 솟았다. 엄마는 아주 손쉽게 팔씨름 기계를 이겼다.

"엄마 최고! 엄마, 저도 해 볼래요!"

구름이도 버튼을 눌렀다.

"와, 내가 이겼다."

구름이는 이 팔씨름 기계가 마음에 쏙 들었다. 구름이가 팔씨름에서 이겨 본 것은 이번이 처음이었다. 교실에서 친구들과 팔씨름을 할 때도 언제나 친구들에게 졌다. 심지어는 여자아이들에게도 져서 웃음거리가 되곤 했다. 생전 처음 팔씨름에 이긴 구름이는 기분이 날아갈 듯했다.

"엄마, 이겼어요!"

엄마를 향해 두 팔을 번쩍 들어 보였다. 엄마는 엄지손가락을 치켜세웠다.

또 이길 게 없는지 주위를 둘러보았다. '조선 스포-쓰 도장'에는 빙 둘러가며 여러 가지 운동 기구들이 있었다. 구름이는 팔씨름 기계

옆에 있는 철봉으로 가 보았다. 철봉 옆에는 팔씨름 기계 아저씨가 했던 말인 듯 말풍선 안에 글씨로 씌어 있었다.

철봉 운동에 관하여는 나 스스로 큰 취미를 가지고 있다. 내가 어릴 때는 몸이 매우 약하고 또 병에 자주 걸렸지만, 철봉을 밤낮으로 열심히 하여 병이 다 없어지고 몸도 건강해졌다.

구름이도 태어날 때부터 몸이 약해 크고 작은 병에 자주 걸렸다. 부모님은 구름이를 건강하게 키우기 위해 공기 좋고 물 맑은 양평으로 이사를 왔다고 하였다.

"엄마, 이 아저씨가 꼭 나처럼 느껴져요. 철봉 운동을 열심히 해서 점점 건강해졌대요, 엄마. 그런데 팔씨름은 나보다도 약해요."

구름이는 철봉에 대롱대롱 매달리며 말했다.

"그렇네. 우리 구름이도 많이 건강해졌지. 몇 초간 매달릴 수 있는지 볼까?"

엄마는 손목의 시계를 들여다보며 말했다.

"자, 시작!"

1초, 2초, 3초……10초, 11초…….

엄마가 시간을 재는 동안 구름이는 입을 앙다물었다.

철봉에 손이 스르르 미끄러 내려지는 것을 간신히 참고 있었다. 그때 구름이의 눈에 팔씨름 기계가 들어왔다.

'어, 기계가 윙크를 하네.'

구름이는 놀라 팔씨름 기계의 큰 눈을 바라보았다. 팔씨름 기계가 다시 윙크를 했다. 구름이는 자기도 모르게 따라서 윙크를 했다. 그때였다. 손힘이 스르륵 풀리면서 구름이는 철봉에서 떨어졌다.

분명 낮은 철봉이었는데, 마치 낭떠러지에 떨어지는 기분이 들었다. 게다가 떨어지는 속도가 엄청 빨랐다.

구름이는 눈을 꼭 감고 자기도 모르게 비명을 질렀다.

"악!"

사라진 구름이

 구름이가 눈을 떴다. 엄마도 '조선 스포-쓰 도장'도 사라졌다. 구름이는 언덕을 뛰어 내려오면서 엄마를 찾았다.
 "엄마, 엄마!"
 저만치 아이들이 웅성거리는 소리가 들렸다.
 "내가 제일 빨라."
 "아니야. 태양이 도련님이 제일 빨라."
 "태양이 도련님도 빠르시지만, 저도 달리기는 자신이 있습니다."
 제일 나이 많아 보이는 아이가 말했다. 구름이는 아이들 소리가 들리는 곳으로 달려갔다.
 "태양이 도련님이랑 달리기 할 사람 여기여기 붙어라."
 "나도 할 거야. 태양이 도련님이랑 놀면 재미있어."
 친구를 모으는 아이의 엄지손가락에 아이들의 주먹이 줄줄이 붙었다.

"땅바닥에 선을 그을 테니까 그 선 뒤로 해서 옆으로 쭉 서. 심판을 봐 줄 사람이 필요한데."

그때 아이들의 시선이 구름이에게 쏠렸다.

"너 거기에서 심판 좀 봐 줄래?"

"나? 나 말하는 거야?"

"그래. 이상한 옷 입고 있는 너 말이야."

그러고 보니 구름이는 그 아이들과는 다른 옷을 입고 있었다. 태양이라는 아이는 연한 분홍색 한복을 입고 있고, 다른 아이들은 위아래가 흰색인 한복을 입고 있었다. 신발도 달랐다. 구름이는 운동화를 신었고, 태양이라는 아이는 가죽으로 만든 연두색 신, 다른 아이들은 맨발에 짚신을 신고 있었다. 머리 모양도 이상했다. 머리카락을 자르지 않고 여자아이처럼 길러서 아주 긴 머리를 땋고 있었다.

"난 엄마를 찾아야 해. 엄마를 잃어버렸어. 혹시 팔씨름 기계가 어디 있는지 아니?"

"뭐? 팔씨름 기계? 그런 게 어디 있어?"

아이들이 깔깔거리며 웃었다. 구름이는 바보가 된 느낌이 들었다. 구름이는 덜컥 겁이 났다. 구름이가 엉엉 울기 시작했다. 구름이를 놀리던 아이들이 다가와 한참을 쳐다보았다.

"우리가 엄마를 찾는 걸 도와줄게. 어디서 엄마를 잃어버렸니?"

"조금 전에 조선 스포-쓰 도장에 갔는데, 팔씨름 기계가 윙크하길래 나도 따라 하다가 철봉에서 미끄러져 떨어지면서 정신을 잃었나 봐. 그런데 엄마도 보이지 않고 팔씨름 기계도 보이지 않아."

"애 미쳤나 봐. 정신 나간 애 같아."

"진짜야. 정말이라고."

갑자기 구름이는 서러움 같은 게 확 밀려왔다. 눈물이 터졌다. 구름이는 엉엉 큰 소리를 내며 울었다.

"그만 울고 너희 엄마를 같이 찾아보자. 어떻게 생기셨니?"

"우리 엄마는……키가 이 정도이고……머리 길이는 이 정도이고……얼굴은 하얗고. 그리고 또 위에는 빨간색 티셔츠를 입었어. 아래 바지는 보라색이야."

구름이는 훌쩍거리며 말을 간신히 이어나갔다.

"알았어. 돌아다니면서 찾다가 해가 저기 남한강 위에 엄지 손톱 높이만큼 떠 있을 때 여기에서 만나자."

태양이라는 아이가 다른 아이들에게 말했다.

"알겠습니다, 도련님."

다른 아이들이 태양이에게 인사를 하고 여기저기로 사라졌다.

"너는 나랑 같이 찾자. 그런데 너 이름이 뭐니?"

"구름이……."

"구름이라고? 나는 태양이야. 몽양이라고 불러도 돼. 몇 살이니?"

"열 살이야. 너는?"

"내가 너보다 형이네. 난 열두 살이야."

태양이가 동생을 보듯이 미소 지으며 말했다. 태양이가 앞장서서 걸어갔다. 구름이는 그 뒤를 따라 걸으며 태양이에게 고마운 마음이 들었다. 정신을 좀 차린 구름이는 주위를 찬찬히 둘러보았다. 한국 민속촌으로 체험 학습을 갔을 때 보았던 집들이 보였다.

"태양이 형, 여기는 한국 민속촌이야?"

구름이는 자신보다 어른스럽고, 나이도 두 살 많은 태양이를 자연스럽게 형이라고 불렀다.

"무슨 소리야? 그게 뭔데?"

"아니야. 아무것도……."

한국 민속촌은 아닌 게 분명하다고 구름이는 생각했다. 민속촌이 아니면? 구름이 머릿속으로 문득 '시간 여행'이라는 말이 스쳐 지나갔다.

'설마!'

구름이는 고개를 저었다.

그래도 태양이를 만나서 다행이라고 생각했다. 태양이를 본 나이 많은 어른들이 허리를 굽혀 인사를 했다.

"도련님, 안녕하세요? 오늘 입으신 연분홍 비단 저고리가 참 잘 어울리십니다. 지난번 주셨던 비단 저고리를 아들놈에게 주었더니 아주 좋아했습니다. 고맙습니다. 도련님."

"태양이 도련님, 안녕하세요? 저희처럼 천한 상놈들의 인사를 받아 주셔서 감사합니다. 복 받으세요. 도련님."

구름이는 태양이라는 아이가 다른 사람들에게 친절하게 대해 준다는 것과 나이 많은 어른들이나 아이들 모두가 어린 태양이를 좋아하고 따른다는 것을 알게 되었다.

"태양이 형, 그런데 왜 나이 많은 사람들이 형에게 인사를 하지?"

태양이는 구름이가 이상한 듯 쳐다보았다. 하지만 이내 태양이는 차분하게 설명했다.

"우린 태어날 때부터 높은 사람, 낮은 사람이 정해져 있어. 아무리 나이가 많아도 낮은 사람은 높은 사람을 보면 인사를 해야 해. 나는 그런 게 싫어."

'아, 큰일났다. 내가 과거로 온 게 맞는 것 같아.'

구름이는 낯빛이 굳어졌다.

태양이가 말한 대로 강 위에 엄지 손톱 높이만큼 해가 걸린 시간이 되자 아이들이 약속 장소로 왔다.

"도련님, 아무리 찾아도 안 보이던데요."

"도련님, 저도 강을 따라서 두물머리 느티나무 있는 데까지 가 보

았는데 없었습니다."

"이제 곧 해가 질 텐데. 깜깜해지면 누가 누군지 알아볼 수도 없어. 내일 찾아야겠다. 내일 아침 닭이 우는 시간에 맞춰 다들 이곳으로 모이도록 해라. 알겠느냐?"

태양이가 아이들을 둘러보며 말했다.

태양이를 만나다

태양이가 대문 안으로 들어서며 큰 소리로 말했다.

"할아버님, 몽양이 다녀왔습니다."

대청마루 쪽의 방에서 기침 소리가 들렸다. 할아버지가 인사를 받았다는 신호였다. 몽양은 대문 안으로 들어가 또 하나의 대문을 지났다.

"아버님, 어머님, 다녀왔습니다."

몽양이는 문을 열고 들어갔다. 그리고 구름이에게 들어오라는 손짓을 했다.

"아버지, 이 아이는 구름이라고 합니다. 어머니를 잃어버리고 집을 찾을 수 없어 데리고 왔습니다."

"구름이라고 했느냐? 어머니를 잃은 건 안 된 일이지만 머리 모양이 그게 무엇이냐? 몇 년 전 단발령이 내려 상투를 자르고 머리카락을 짧게 하고 다니라는 왜놈일본인을 낮잡아 부르는 말들의 명령이 있었다는데 그걸 오늘에서야 보는구나. 조상이 주신 머리카락은 소중한 것인데 어찌 그렇게 짧게 자르고 다닌단 말이냐."

"태양이 아버지, 어린아이가 무슨 잘못이 있겠습니까? 단발령은 임금님의 명령인데 어찌합니까?"

"부인, 그게 무슨 소리요? 단발령은 왜놈들이 강제로 우리의 긴 머리를 짧게 자르게 한 일 아니오? 그게 어떻게 임금님의 명령이라고 할 수 있소? 왜놈들은 우리의 황후도 돌아가시게 만든 놈들이오. 그놈들이 우리 임금님과 황후에게 한 짓은 내가 죽어서도 잊지 않을 것이오. 그 일을 생각만 하면 화가 나서 미칠 것 같소이다."

태양이 아버지는 화를 참지 못해 소리를 질렀다. 태양이 어머니는 태양이와 구름이를 보며 어서 밖으로 나가라고 눈짓을 했다.

구름이는 태양이 아버지 말에서 확실히 알게 되었다. 자신이 조선시대 고종 임금의 시간으로 온 것을.

'어떻게 다시 엄마 아빠가 사는 곳으로 돌아갈 수 있을까.'

구름이는 태양이를 따라 방으로 가면서 생각했다.

태양이의 방에는 세계 지도가 걸려 있었다. 구름이의 방에도 세계

지도가 있는데 그것과는 조금 다른 모양이었다. 세계 지도를 바라보던 구름이에게 태양이가 말을 걸었다.

"구름아, 아까 우리 아버지가 말씀하셨던 일본이 어디에 있는지 아니?"

"응, 나 세계 지도 볼 수 있어. 엄마가 지도를 사 주셨거든. 여기가 일본이야. 그렇지?"

태양이는 구름이가 제법 똑똑하다는 생각을 하며 말했다.

"맞아. 우리나라가 힘이 없다는 걸 알고 세계 여러 나라에서 우리나라를 쳐들어 왔어. 프랑스도 미국도 일본도 러시아도 그런 나라야. 우리나라가 힘이 없으면 그 나라에 사는 백성들도 힘이 없어. 우리나라의 힘을 기르려면 나부터 먼저 힘을 길러야 해. 몸도 건강해야 하고 공부도 열심히 해야 해."

구름이는 태양이가 나이로는 두 살 많은 형이지만 나라를 생각하는 마음은 자신보다 훨씬 더 어른스럽다고 생각했다.

이날, 태양이는 '양근군양평군의 옛 이름의 묘골에서 어머니를 잃어버린 남자아이가 어머니를 찾습니다'라는 글을 크게 써서 마을 여기저기에 붙여 놓았다. 하지만 구름이의 엄마를 보았다는 사람은 아무도 없었다.

구름이가 태양이를 만난 지 일 년이 지났다. 봄이 되면 주로 용문산에 가서 산나물을 구해 왔다.

"오늘은 마을 뒤에 용문산을 올라가 보자. 용문산 꼭대기까지 누가 제일 빨리 오르는지 내기를 하고, 내려올 때는 망태기에 당귀, 버섯, 고사리, 두릅을 가득 담아 오자. 자, 출발."

이렇게 봄에 뜯어 온 산나물을 태양이 엄마에게 드리면 마당에서 말려 밥반찬을 해 주셨다. 말리지 않고 먹는 산나물도 쓰지 않아서 좋았지만 말렸다가 겨울에 먹는 나물도 맛있었다. 구름이는 그동안 엄마가 해 주셨던 나물 반찬은 입에 대지도 않았는데 태양이를 따라 용문산을 오르면서 먹은 나물과 앵두, 오디가 참 맛있다고 생각했다. 산에 함께 가던 아이들이 노래를 불렀다.

왕십리 처녀는 풋나물 장사로 나간다지

고비, 고사리, 두릅나물, 용문산 나물을 사시래요

광주 분원 처녀는 사기 장사로 나간다지

사발, 대접, 탕기, 종지, 용천병을 사시래요

경기 안성 처녀는 유기 장사로 나간다지

주발, 대접, 방짜 대야, 놋요강을 사시래요.

아이들이 부르는 노래가 무슨 뜻인지 잘 몰랐지만, 용문산 나물을 사라는 내용의 민요 같았다. 한 명이 앞부분을 부르면 다른 아이들이 뒷부분을 불렀다. 주거니 받거니 하면서 노래를 부르다 보면 용문산 꼭대기에서 아래까지 금방 내려왔다.

여름이면 집 앞에서 조금 떨어진 강에서 수영을 했다. 어느 날인가 비가 너무 많이 내려 밖으로 나갈 수 없어 마루에 앉아 주룩주룩 비가 내리는 것을 바라보고 있을 때였다.

"이렇게 비가 많이 오니 내일이면 용문산이 서울로 떠내려갈 거 같다."

"태양이 형, 말도 안 돼. 비가 많이 온다고 산이 떠내려가?"

"양평에 있는 떠드렁산은 저 멀리 충주에서 홍수로 떠내려 왔다고 해서 붙여진 이름이야. 지금은 강물 위에 산처럼 우뚝 솟아 있어서 떠드렁섬이라고도 부르잖아. 아마 용문산이 홍수 때문에 떠내려가면 용문섬이라 부를걸?"

태양이의 이야기를 들은 구름이는 빨리 비가 그쳐서 용문산이 안 떠내려갔으면 좋겠다고 생각했다. 엄마가 계신 곳에도 비가 내릴까. 엄마 생각이 간절했다.

가끔 강으로 나가 망태기에 물고기를 잡기도 했다.

"와, 물고기는 처음 잡아 봐! 형, 이 물고기 이름이 뭐야?"

"이건 붕어, 이건 메기, 저건 쏘가리야. 어머니한테 가져가서 맛있게 탕을 끓여 달라고 하자."

구름이는 태어나서 처음으로 매운탕을 먹었는데 맛있다고 생각했다. 맛있는 걸 먹으면 꼭 엄마 생각이 났다.

가을이 되자 용문산은 먹을거리를 푸짐하게 내주었다. 아이들은 어른들의 농사일을 돕느라 바빠졌다. 태양이는 양반이라 다른 아이들처럼 농사일을 하지 않았기 때문에 용문산에 가서 감과 밤 따기를 했다. 용문사 앞에 있는 커다란 은행나무에서 떨어진 은행을 주워서 가져오기도 했다. 용문산 은행은 노란 속살에 일부러 까만 점을 두 개 찍어 놓은 것처럼 보였다.

"용문산 은행은 다른 마을의 은행하고 다르게 점이 꼭 두 개 찍혀 있어. 그래서 우리는 은행을 보면 이게 용문산 은행인지 아닌지 알 수 있어. 신기하지? 아마 용문산에 있는 아주 커다란 은행나무가 천 년을 살았기 때문에 점도 두 개인 거 같아."

"진짜 신기하다."

구름이와 태양이는 겨울이면 집 근처 강물이 꽁꽁 얼기 때문에 썰매를 탔다. 태양이는 썰매를 탈 때면 두물머리까지 갔다. 두물머리는 남한강과 북한강이 만나는 곳이었다.

"겨울 썰매는 두물머리에서 타는 게 제일 재미있어. 이쪽에서 타면 남한강, 저쪽에서 타면 북한강, 두 물이 합쳐지는 곳에서 타면 한강에서 타는 게 되거든. 한강은 저 멀리 서울까지 흘러가서 서쪽 바다까지 흘러가는 매우 긴 강이야. 구름아, 저기 족자섬까지 누가 빨리 가는지 내기할까?"

낮 동안은 태양이와 신 나게 노느라 잊고 있었지만, 구름이는 밤마다 엄마가 보고 싶었다. 어떻게 하면 다시 엄마 아빠가 있는 세계로 돌아갈지 궁리했다.

'태양이 형에게 말해 볼까? 내 말을 믿어 줄까?'

구름이 눈에서 또르륵 눈물이 흘렀다.

모든 사람은 평등하다

"거기 누구야?"

"야! 빨리 튀어."

과수원을 지키던 아저씨의 외침에 태양이와 구름이는 깜짝 놀라 먹던 배도 떨어뜨리고 달아났다. 쫓아오던 아저씨의 목소리가 멀리서 들렸다. 태양이와 구름이는 과수원 아저씨를 따돌렸다는 생각에 안심이 되어 마주 보고 킥킥 웃었다.

"구름아, 그 배 참 맛있더라."

"다음에 또 가서 배 서리하자."

구름이가 사는 세상에서는 어린아이들이 남의 과수원의 과일을 몰래 따서 먹으면 벌을 받았지만, 태양이가 사는 세상에서는 어린아이들이 과일을 한두 개 몰래 먹어도 큰 죄가 되지 않았다.

"태양이 형. 얼굴에서 피가 나."

"어? 어디? 아까 도망치다 나뭇가지에 긁혔나 봐. 괜찮아."

집에 돌아온 태양이와 구름이가 어른들에게 인사를 드리다가 배 서리한 것이 들통이 났다.

"태양아, 그 과수원이 어디냐? 얼른 말하거라."

"……."

"왜 대답을 안 하느냐? 그렇다면 구름아, 그 과수원이 어디냐?"

태양이 아버지가 구름이에게 물었다. 구름이는 어쩔 수 없이 과수

원의 위치를 알려주었다.

다음 날, 태양이 아버지는 노비들을 데리고 가서 과수원의 배나무들을 도끼로 찍어 버렸다. 이 소식을 들은 태양이가 과수원으로 달려갔다.

"아버지, 배 서리를 하다 얼굴을 긁힌 건 저의 잘못입니다. 이 배나무는 죄가 없습니다."

태양이가 아버지를 말리며 말했지만, 소용이 없었다. 과수원 아저씨는 상민으로 양반인 태양이의 아버지보다 신분이 낮았다. 때문에 과수원의 배나무가 모두 잘려 나가도 울기만 할 뿐 태양이 아버지를 말릴 수 없었다. 배나무가 모두 잘리고 나자 태양이의 아버지는 아무 일 없었다는 듯 태연하게 집으로 돌아갔다.

태양이는 과수원에 덜썩 주저앉았다.

"내 잘못이지 배나무가 무슨 잘못이란 말인가? 과수원 주인이 몇 년을 소중하게 기른 나무를 잘라 버리다니! 과수원 주인은 앞으로 어떻게 먹고 살라고……."

태양이는 눈물을 쏟아내며 큰 소리로 울부짖었다.

눈앞에 펼쳐진 광경에 입만 벌리고 서 있던 과수원 주인이 땅을 치며 통곡했다.

"내가 양반이 아니어도 과수원해서 돈을 벌면 가족들 굶겨 죽이지 않을 거라 생각했는데……. 높으신 양반네들은 우리 목숨은 파리 목숨보다 더 하찮은 것으로 여기니 어찌 살란 말이냐. 우리 같은 것들은 사람이 아니야. 우리는 개, 돼지, 짐승만도 못한 것들이야."

과수원 주인의 울음소리는 구름이와 태양이의 가슴을 아프게 후벼팠다.

집으로 돌아오는 내내 과수원 주인의 외침이 태양이의 머릿속에서 떠나지 않았다.

'양반이건 상민이건 노비건 이런 것이 다 무엇이란 말이냐? 사람은 누구나 평등하다. 사람이 곧 하늘이라고 할아버지가 늘 말씀하셨다. 과수원 주인의 배나무는 그 가족의 밥줄이다. 그런데 오늘 아버지가 배나무를 모두 잘라 버린 것은 그 가족들의 밥줄을 자른 것이다. 그들을 죽게 만든 것이나 다름없다. 불쌍하고 또 불쌍하다. 나는 높고 낮은 신분이 없는 세상, 그런 세상을 만들 것이다.'

태양이는 주먹을 꼭 쥐고 다짐했다.

과수원 일이 있고 난 뒤, 태양이의 집에서 제일 나이 많은 노비가 죽었다. 노비는 천한 신분이라 장례를 치러 주지 않고 아무 데나 시신을 버렸다. 하지만 태양이는 죽은 노비를 말끔히 목욕시키고 옷을 입힌 후 홑이불로 싸고 묶어서 관에 넣어 장사를 치르도록 했다. 노비들은 어린 태양이를 향해 큰절을 하며 말했다.

"도련님은 저희처럼 천한 노비에게 사람 대접을 해 주시는 유일한 분이십니다."

"저희 같은 것들이 죽으면 그냥 아무 데나 버려져 짐승의 밥이 되는 신세인데 도련님께서 장례를 치러 주시니 이 은혜 절대 잊지 않겠습니다."

"여보게들, 나라의 힘을 키우려면 우리 땅에 사는 높은 사람이나 낮은 사람이나 모두 높은 사람이 되어 우리나라의 힘을 튼튼하게 해야 한다네. 그래야 다른 나라에서 우리나라를 얕보지 않게 될 거야. 나중에 때가 되면 자네들을 풀어 주고 모두가 평등한 사람이 되게 할 거네. 우리나라는 우리가 지키는 그런 나라를 만들 거야."

태양이가 눈을 반짝이며 말했다. 구름이는 그런 태양이를 저절로 우러르게 되었다.

말을 타고 시장 구경을 나갈 때, 농부들이 농사를 잠시 쉬고 밥을

먹는 모습을 보면 태양이는 말에서 내려 조심스럽게 지나다녔다. 구름이가 궁금해서 그 이유를 물었다.

"구름아, 농부들이 힘들게 일을 하고 잠시 쉬는 동안 밥을 먹는데 내가 말을 타고 가면 먼지가 날려 소중한 식사 시간을 방해할 것 아니냐? 그들도 모두 소중한 사람인데 예의없는 행동을 하면 안 된다고 생각해."

태양이의 대답을 들은 구름이도 말에서 내려 태양이와 함께 조심스럽게 그들 곁을 지나가게 되었다. 모든 사람이 평등한 세상을 만들겠다고 태양이와 구름이는 다짐했다.

열네 살의 꼬마 신랑

"태양아, 이 할애비 말을 명심하여라. 여기 보이는 곳이 중국이다. 우리의 조상은 여씨 성을 가진 사람인데 중국에서 왔다. 내 이름은 여규신, 내 아들이면서 너의 아버지인 여정현, 내 손자인 너의 이름은 여운형. 그러니 중국에 관심을 두고 나중에 어른이 되면 중국에서 활동해야 할 것이다."

"알겠습니다. 할아버지."

"구름아, 어제 공부한 것을 외워서 말해 보아라."

"알겠습니다. 할아버지. 신체발부는 수지부모라. 이는 우리의 몸과 터럭은 부모에게서 받은 것이라는 말입니다."

"무슨 뜻이더냐?"

"부모에게서 물려받은 몸을 소중히 여기는 것이 효도의 시작이라는 뜻입니다."

46 열네 살의 꼬마 신랑

"오, 구름이가 매우 영특하구나. 그 뜻까지도 정확하게 알고 있으니 잘했다."

할아버지는 구름이의 머리를 쓰다듬어 주었다.

"태양아, 구름아. 잘 들어라. 하늘과 땅 사이에 만물이 많은데 오직 사람이 가장 귀하다. 사람이 곧 하늘이다. 사람은 누구나 평등하다. 우리나라는 중국과 일본이라는 나라 사이에 있다. 지도를 보고 세계에는 어떤 나라가 있는지 알아야 한다."

"열심히 공부하겠습니다, 할아버지."

태양이와 구름이는 동시에 큰 소리로 대답하였다.

할아버지는 태양이는 물론 구름이의 공부까지 챙기셨다. 태양이는 자기가 알고 있는 내용을 쉽게 풀어서 구름이에게 알려 주었다. 구름이는 한문을 공부하는 것은 힘들었지만 어려운 한자에 담긴 좋은 내용을 태양이가 설명해 주면 금방 이해를 할 수 있었다.

어느새 구름이의 머리카락이 꽤 자라서 땋을 수 있게 되었다.

"구름아, 나를 따라서 해 봐. 머리카락을 세 가닥으로 나누어서 이쪽 가닥을 여기로 넘기고 이쪽 가닥은 저쪽으로 넘기고. 그래, 맞아. 그렇게 하는 거야……."

구름이의 머리를 매만지며 말하는 태양이의 목소리가 낮게 가라앉았다. 얼굴도 어두웠다. 그간 태양이와 지내면서 한 번도 보지 못한 일이었다.

"형, 무슨 일 있어?"

"이제 나는 머리 땋을 일이 없을 거 같아."

"그게 무슨 말이야?"

"나 곧 결혼해."

"결혼한다고? 열네 살밖에 안 됐는데?"

"내가 집안의 종손한 집안의 대를 이을 맏손자이잖아. 어른들은 대를 이으려면 빨리 장가를 가서 아들을 낳아야 한대."

구름이는 태양이가 사는 세상이 구름이가 살던 세상과는 아주 다르다는 것을 알고 있었다. 하지만 열네 살이면 겨우 중학생인데, 장가를 가야 한다는 것이 이해가 잘 되지 않았다.

다음 날 할아버지는 태양이에게 결혼 날짜를 알려 주시고 태양이의 아버지와 어머니에게 결혼 준비를 하라고 말했다.

마침내 결혼식 날이 돌아왔다. 아침부터 집안은 들썩였다. 결혼식은 용인에 있는 신붓집에서 치러진다. 하인들이 신붓집에 가져갈 예단과 예물을 말에 싣고, 말에 먹이와 물을 주는 등 분주하게 움직였다.

 태양이는 아침 일찍 말을 타고 용인이라는 곳으로 갔다. 구름이는 왠지 서운한 마음을 품고 태양이를 따라갔다.

 신붓집에 도착한 태양이는 신부의 부모에게 인사를 하고 나무로 만든 기러기를 신부의 부모에게 주었다. 그리고 신붓집 마당에서 결혼식을 올렸다. 결혼식을 보려고 마을의 많은 사람이 마당으로 몰려들었다. 구름이는 옛날식으로 결혼하는 걸 텔레비전에서 본 기억이 났다. 태양이는 사모관대_{결혼식 때 남자들이 입었던 복장. 원래는 벼슬아치의 옷이었다.}를 하고, 신부는 색동 소매의 활옷_{새색시가 입는 옷}을 입었다. 신부의 머리에는 검은 비단으로 만든 족두리를 쓰고 있었다. 신부는 볼에는 빨간색으로 동그란 연지 화장을, 이마에는 곤지 화장을 했다.

 '신랑이랑 신부가 서로 마주 보고 절을 하겠지?'

 태양이와 신부는 구름이의 생각대로 마주 보고 큰절을 올리고, 표주박을 쪼개 만든 잔에 술을 부어서 함께 나누어 마셨다.

 결혼식 다음 날, 태양이는 길게 땋아서 늘어뜨린 댕기 머리 대신 머리 위에 상투를 틀었다. 신부도 댕기 머리 대신에 머리를 동그랗게 틀어 올리고 비녀를 꽂았다. 이제 결혼을 해서 어른이 되었다는 뜻이었다. 며칠을 신붓집에서 보낸 태양이가 용인에서 양평 묘골로 출발할 때는 상투를 틀고 갓을 썼다. 구름이를 본 태양이는 큰 소리로 말했다.

"구름아, 에헴, 이제 나를 어르신이라 불러라."

"나보다 몇 살 많지도 않은데 갑자기 왜 어르신이라고 부르라는 거야?"

"나는 결혼을 했으니 이제 어른이 된 것이다. 그러니 너는 나를 어르신이라고 불러야지."

"하하하."

구름이는 상투를 틀고 갓을 쓴 태양이가 하는 말에 웃음이 나왔다.

"네네, 어르신. 앞으로는 어르신이라고 부르겠습니다."

"에헴, 에헴. 공손하게 대답을 잘하는구나."

태양이가 거만한 태도로 대답을 했다. 태양이는 열네 살이고, 태양이와 결혼한 신부는 태양이보다 네 살이나 더 많은 열여덟 살이었다. 구름이는 자신도 옛날에 태어났으면 초등학교 6학년이나 중학교 1학년 때 결혼을 할 수도 있었다고 생각하니 쑥스러운 마음이 들었다.

양평 묘골로 돌아온 태양이와 신부는 용인에서 가져온 대추, 밤,

술, 안주, 과일들로 상을 차렸다. 그리고 태양이의 할아버지와 부모님에게 큰절을 올렸다. 며느리에게 절을 받은 태양이의 부모님은 신부의 치마에 대추를 던져 주며 말했다.

"아이들 낳고 잘 살아라."

그 모습을 보자 구름이는 엄마 생각이 더 많이 났다.

어떻게 해야 엄마가 있는 곳으로 갈 수 있을까?

그간 구름이는 태양이와 기계가 있던 언덕으로 몇 번이나 가 보았다. 하지만 구름이가 살던 세계로 가는 어떤 길도 찾을 수 없었다.

'엄마는 잘 지내고 계실까? 나중에 엄마를 만나도 못 알아보시면 어떡하지?'

구름이는 덜컥 겁이 났다.

서울로 가는 태양이

결혼하고 얼마 뒤, 배재학당의 교사로 근무하고 있는 친척 여병헌이 묘골을 찾아왔다. 배재학당은 미국인 선교사가 설립한 최초의 근대 학교였다. 신학문과 영어를 배우고자 하는 사람들로 인기가 높았다.

여병헌이 대문 안으로 들어서며 말했다.

"어르신, 못 보던 아이인데 이 아이는 누굽니까?"

"그 아이는 어머니를 잃어버려 몇 년째 우리와 함께 사는 아이라네. 인사 드려라, 구름아!"

"안녕하세요? 구름이라고 합니다."

"태양이보다 어려 보이는구나. 태양이는 벌써 결혼했다지요?"

"허허허. 태양이는 이제 어른이라네."

태양이 할아버지가 웃으며 말했다. 서울에 사는 친척 아저씨는 할

아버지에게 태양이를 배재학당에 입학시키는 게 어떤지 물었다. 여병헌 아저씨는 신학문과 영어를 배워 힘을 길러야 한다는 이야기며, 일본의 횡포가 점점 심해진다는 이야기를 했다. 할아버지는 입을 다문 채 여병헌 아저씨의 이야기에 귀를 기울였다. 태양이 옆에 앉아서 어른들이 하시는 이야기를 들었다. 할아버지는 태양이가 서울의 학교에 가는 것은 탐탁지 않게 여겼다. 집안의 종손인 데다 결혼까지 했으니, 집안을 돌봐야 한다는 생각이 있어서였다. 그러자 아저씨는 태양이에게 배재학당을 구경시켜 주겠다고 했다. 할아버지는 곰곰이 생각하시다가 태양이와 구름이를 함께 데리고 가라고 했다.

다음 날, 태양이와 구름이 두물머리 용진 나루로 갔다. 서울로 가는 배를 타기 위해서였다. 친척 아저씨는 하늘을 쳐다보며 말했다.

"너희가 살 나라의 하늘은 저토록 맑아야 하는데……."

태양이는 아저씨의 말에 눈빛을 반짝이며 고개를 끄덕였다.

용진 나루에 도착하자 누런색 돛을 단 커다란 배가 여러 척 강 위에 떠 있었다. 사람들은 이 배를 '황포돛배'라고 불렀다. 용진 나루에는 소금이나 식량, 불을 피우는 데 필요한 땔감을 가득 실은 배들이 많았다. 양평이나 서울로 장사를 하러 가는 사람들이 배를 타려고 몰려 있었다. 용진 나루 주위에는 외국에서 가져온 망원경이나 안경처럼 신기한 물건을 팔고 있는 사람들도 있었다.

"애들아, 배가 출발하려면 조금 더 기다려야 하니 주막에 가서 국밥 한 그릇씩 먹고 가는 게 좋겠구나."

"예, 아저씨."

"주모, 여기 국밥 세 그릇 주시오. 애들아, 오늘은 바람이 세게 불어 저녁밥 지을 때쯤 서울에 도착할 거 같구나. 배를 타면 물에 빠지지 않게 조심해라. 너희들은 서울에 처음 가는 거지?"

"아니에요, 아저씨. 저는 서울에 간 적이 있어요."

"태양아, 언제 서울에 다녀왔느냐?"

"몇 년 전 어머니가 편찮으실 때 서울에 있는 한의원까지 달려가서 한약을 지어 온 적이 있어요. 어머니가 돌아가실까 봐 겁이 나서 울면서 다녀왔어요. 그날은 밥도 먹지 않고 쉬지 않고 달렸지만, 힘이 하나도 안 들었어요."

구류이도 그때 일이 떠올랐다. 부스럭부스럭하는 소리에 잠을 깼다. 태양이가 옷을 입고 있었다. 깜깜한 새벽에 어디를 가냐고 물었더니 어머니 병을 낫게 할 한약이 서울 광교에 있으니 구해 오겠다고 했다. 양평 묘골에서 서울에 있는 광교까지는 걸어서 갔다가 다

시 돌아오려면 적어도 삼 일이 걸리는 아주 먼 거리였다. 태양이는 새벽에 출발해서 그날 늦은 밤에 돌아왔다. 태양이는 어머니 병을 낫게 하는 한약을 빨리 어머니에게 드리려고 쉬지 않고 달렸다.

"하지만 어머니 약을 구하기 위해 정신없이 다녀와서 서울이 어떤 곳이었는지 잘 모르겠어요."

태양이의 말에 여병헌 아저씨가 기특하다는 눈으로 바라보았다.

"배 떠납니다. 서울 가는 사람은 빨리 타시오."

멀리서 뱃사공의 목소리가 들렸다. 태양이와 태양이의 친척 아저

씨, 구름이는 소리가 들리는 곳을 향해 걸어갔다. 커다란 황포돛이 바람에 한 번 휙 날릴 때마다 배는 서울을 향해 앞으로 쭉 나아갔다. 처음 출발할 때 출렁이던 나룻배가 시간이 지날수록 기우뚱거리는 것이 줄어들었다. 구름이는 속이 울렁거려서 배의 맨 앞으로 갔다. 맨 앞에는 나이가 많은 앞 사공이 노를 젓고 있었다. 시간이 지나자 구름이의 멀미도 가라앉았다.

구름이는 태양이가 어디에 있는지 뒤를 돌아다보았다. 태양이는 배의 맨 뒤에서 노를 젓는 뒤 사공 앞에 앉아 있었다. 구름이가 태양이에게 가려고 배의 중간쯤을 지나가는데 태양이 또래의 아이가 배에 들어오는 물을 퍼내면서 밥을 짓고 있었다. 제일 어린 막내 사공인 밥찌였다. 구름이는 사공이 셋이나 되는 커다란 나룻배를 타고 서울로 간다는 것이 신기했다. 이곳으로 오기 전 세상에서는 서울에 갈 때면 엄마가 운전하시는 자동차를 타거나 양수역에서 전철을 타고 서울로 갔다. 배를 타고 서울을 간다는 것은 상상도 못한 일이었다.

서울에 도착한 다음 날, 태양이와 구름이는 여병현 아저씨가 근무하는 배재학당으로 갔다. 여병현 아저씨는 배재학당에서 영어 선생

님으로 일하고 있었다. 학당 안에는 갓을 쓰고 흰 두루마기를 입은 어른들이 여러 명 보였다. 태양이는 처음 본 벽돌식 건물이나 교실 안의 책상과 의자, 피아노가 신기했다. 태양이와 달리 구름이는 배재학당 문을 열고 들어서면서 초등학교에 온 것처럼 느껴져 좋았다. 그동안 머물렀던 태양이 집은 앉아서 생활하는 곳이었기 때문에 책상이나 의자가 없어서 많이 불편했다.

"아저씨, 저도 여기서 공부하고 싶어요."

"할아버지께서 그렇게 하라고 하실지 모르겠구나. 태양아, 여기서

공부하고 싶니?"

"그럼요. 학교 건물도 신기하고 외국인 교장 선생님의 집도 신기해요. 저는 꼭 여기에서 공부할 겁니다."

"허허허. 나도 처음 일본에 공부하러 갔을 때 너처럼 그런 생각을 했단다. 일본에서 공부하다 보니 더 큰 세상에서 공부하고 싶어서 미국으로 갔지. 그래서 지금은 미국말인 영어를 가르치고 있고."

"아저씨, 저도 아저씨처럼 영어도 공부하고 산수, 역사, 새로운 공부도 여기서 배우고 싶습니다. 그래서 우리나라를 위해 일하는 큰 사람이 되고 싶습니다."

태양이는 양평 집에 돌아와 할아버지에게 매일 배재학당에 입학시켜 달라고 졸랐다. 구름이도 그런 태양이를 도왔다.

"태양아, 구름아, 배재학당은 성경을 공부하는 학교이니 우리가 그동안 공부한 내용과 다르다. 그러니 다른 학교를 알아보아라."

"할아버지, 저는 배재학당에서 새로운 공부를 하고 싶어요. 저는 배재학당에 꼭 갈 거예요."

그렇게 태양이는 할아버지를 졸랐고 결국 태양이가 열다섯 살이 되던 다음 해에 배재학당에 입학했다.

야구 시합

 태양이는 배재학당에서 만능 스포츠맨으로 통했다. 태양이는 철봉, 달리기, 야구, 축구, 씨름 등 못하는 운동이 없었다. 친구들은 태양이와 한편이 되어 경기하는 것을 좋아했다. 배재학당 공부를 마치고 시간이 날 때면 친구들과 근처의 빈터에서 야구 시합을 했다. 그날도 태양이와 한편이 된 아이들은 환호성을 올렸다.
 "야, 거기 있는 공 좀 던져 줄래?"
 "싫다, 조센징 일본인이 우리나라 사람을 낮잡아 부르는 말!"
 "일본 쪽발이 주제에! 조센징이라고 우리나라 사람을 낮춰 부르지 마라."
 "조센징이 우리한테 시비를 건다. 덤벼 봐, 덤벼 봐."
 "잠깐! 사실대로 말해. 시비를 건 건 바로 너야. 네가 먼저 조센징이라고 말했잖아."

"조센징을 조센징이라고 하지, 뭐라고 하냐? 야구도 잘 못하는 것들이."

"야구도 못하는 것들이라고? 야구는 보나 마나 우리가 이겨. 까불지 마라."

"너희들이 야구를 해 봤자지. 이번 주 일요일, 남산 공터에서 만나 야구로 승부를 내자."

"……."

"대답을 못하는 걸 보니 자신이 없나 보군. 조센징! 야구도 일본이 최고, 힘도 일본이 최고, 조선은 일본의 발 아래에 있다."

"함부로 말하지 마라. 일요일에 만나서 야구로 승부를 내자. 조선이 힘이 센지, 일본이 힘이 센지 겨뤄 보자."

태양이가 주먹을 불끈 쥐고 말했다.

배재학당으로 돌아오는 길에 태양이와 친구들은 일요일에 하는 예배에 어떻게 빠져나올지 계획을 세웠다.

"그날 아홉 명이 빠지면 금방 들통날 거야."

"그게 걱정된다고 안 가냐? 이건 우리나라와 일본의 싸움이야."

"그런데 우리가 일본 애들을 이기게 되면 두고두고 우리를 괴롭힐지도 몰라. 걔네들 부모는 부자이거나 높은 벼슬을 하는 사람들일 텐데 우리가 이겼다고 우리를 괴롭히면 어떡하지?"

"야구 시합에 이겨서 우리나라의 힘을 보여 주는 게 중요하다고 생각해. 그렇지만 빠지고 싶은 사람은 빠져도 좋아. 예배에 참석하는 걸 더 중요하다고 생각할 수 있어. 다양한 생각을 존중해 주자."

"난 시합에 이겨서 일본 애들 코를 납작하게 만들어 줄 거야. 그동안 쪽바리 놈들한테 당했던 나쁜 기억들을 몽땅 날려 버릴 거야."

그날부터 아이들은 열심히 야구 연습을 했다.

드디어 야구 시합날이 되었다. 태양이와 친구들이 계획한 대로 태양이와 구름이는 기숙사에서 나와 남산으로 향했다. 태양이와 구름이가 약속 장소에 도착해 보니 일본 아이들은 미리 와 있었다.

"야구는 아홉 명이 하는 건데 두 명만 왔냐? 나머지는 무서워서 다들 도망갔냐?"

"걱정 마라. 우리도 아홉 명 모두 올 테니."

태양이는 당당하게 그 비웃음을 맞받아쳤다. 태양이의 당당한 기세에 일본 아이들의 기가 죽었다. 예배당을 빠져 나온 아이들이 하나둘 약속 장소로 뛰어왔다. 잠시 숨을 고르고 태양이를 중심으로 아홉 명의 아이가 둥글게 섰다. 태양이가 말했다.

"이건 보통의 야구 시합이 아니야. 조선 사람들이 일본 사람에게 당했던 억울함을 우리가 풀어 주려는 거야. 그리고 우리나라의 힘이 아직 강하다는 것을 보여 주는 시합이야. 우리는 우리나라의 국가대표야. 최선을 다하자!"

그 말을 들은 아이들은 가슴 깊은 곳에서 용기와 힘이 솟아나는 느낌이 들었다. 태양이가 시합 전에 일본 아이들에게 말했다.

"야구는 스포츠다. 정정당당한 스포츠 정신으로 경기하자. 비신사적인 행동은 하지 말자."

그 말을 들은 일본 아이들은 태양이의 목소리와 곧은 마음가짐에 또 한 번 기가 죽었다. 9회 말까지 일본 아이들 팀이 3점, 태양이 팀은 0점이었다. 아이들은 경기에 졌다며 기가 죽었다.

"경기가 끝나기 전까지 결과는 알 수 없어. 길고 짧은 건 대 봐야 아는 거야. 끝까지 포기하지 말고 최선을 다하자."

"태양이 말이 맞아. 우리 모두 힘내자. 아자, 아자, 파이팅!"

마지막으로 태양이가 타석에 서서 손에 든 방망이를 다시 한 번 고쳐 잡았다. 열다섯 살 태양이 인생에서 가장 큰 모험의 순간이었다. 상대방 투수가 던진 공이 날아왔다. 태양이는 온 정신을 집중하여 야구 방망이를 휘둘렀다. '딱' 하는 기분 좋은 소리와 함께 야구공이 멀리멀리 날아갔다. 일본팀 아이들은 입을 벌리고 멀리 날아가는 공을 쳐다보았다. 1루, 2루, 3루에 있던 친구들이 홈으로 들어왔고, 마지막으로 태양이가 들어왔다. 이렇게 역전이 되어 4대 3으로 태양이 팀이 이겼다. 태양이와 친구들은 기쁨의 환호성을 질렀다.

"우리가 일본을 이겼다. 우리나라가 일본보다 더 세다. 우리가 이겼다."

아이들은 깡충깡충 뛰며 서로 얼싸안고 기뻐했다. 일본 아이들은 아무 말 없이 야구 장비를 챙겨 그 자리를 떠났다.

배재학당을 그만두다

월요일 조회 시간, 학교 안은 뒤숭숭했다. 선생님이 날카로운 눈초리로 학생들을 둘러보았다.

"어제 주일 예배에 빠진 놈들이 있다. 누군지 손들어."

서슬 퍼런 선생님의 말에 학생들은 고개를 숙인 채 눈치만 보았다. 손을 들면 벌을 받을 게 뻔했다. 배재학당은 기독교 학교이기 때문에 일요 예배는 매우 중요한 일이었다. 예배에 빠지면 며칠 동안 교실 청소를 하는 건 물론이고 예배당 청소와 성경 암송하기를 더 해야 했다. 이때 태양이가 손을 번쩍 들었다.

"제가 빠졌습니다."

아이들은 일제히 태양이 쪽으로 고개를 돌렸다.

"배재학당에서 공부하는 학생이 신성한 주일 예배에 빠지다니! 오늘부터 교실과 예배당 청소를 일주일 동안 하도록. 네 집에도 편지를 보낼 것이다."

선생님의 말에 태양이가 다시 손을 들었다.

"선생님, 실은 일본 아이들이 시비를 걸어서 야구를 하자······."

그러자 선생님은 태양이의 말을 다 듣지도 않고 목소리를 높였다.

"학생은 학교에서 지켜야 할 규칙이 있다. 규칙을 어겼는데 그럴 만한 이유가 있다니 이해가 가지 않는군. 핑계 댈 생각 말고 각오하고 있어!"

그리고는 교실 밖으로 나가 버렸다. 태양이 주위로 친구들이 몰려들었다.

"운형아, 미안해. 우리도 함께 예배에 빠졌는데 너만······."

그때 태양이는 어머니의 말씀이 떠올랐다.

구름이가 태양이네 집에 온 지 얼마 지나지 않아 태양이와 구름이가 장난을 치다가 태양이네 집에서 소중하게 여기던 도자기를 깨뜨렸다.

"누가 도자기를 깼느냐? 몽양이 그랬느냐?"

태양이 어머니가 엄한 목소리로 말했다.

"어머니, 제가 도자기를 깼습니다."

태양이가 조그마한 목소리로 말했다.

"아니에요. 제가 그랬어요."

구름이도 개미만 한 목소리로 말했다.

"구름이가 그랬느냐?"

태양이 어머니가 구름이를 바라보며 말했다.

구름이는 태양이가 혼날까 봐 장난을 치다가 그랬다는 것을 말하지 못했다. 서로 자기가 그랬다고 말을 했다.

"어머니, 사실은 저와 구름이가 장난을 치다가 도자기가 옆에 있는 줄 모르고 깼습니다. 저희 둘의 잘못입니다. 어떤 벌이라도 받겠습니다."

태양이가 말했다.

"몽양이와 구름이가 도자기를 깼구나. 알았다. 솔직하게 이야기를 했으니 용서하겠다. 하지만 다음에는 주위에 무엇이 있는지 잘 살피고 중요한 물건을 깨뜨리지 않도록 한 번 더 눈여겨 보아라. 큰 사람이 되어 다른 사람에게 존경을 받으려면 자신의 행동부터 조심하고 모범이 되어야 한다. 자신이 한 행동이 잘못이더라도 정직하게 이야기할 줄 아는 것도 용기다. 정직한 사람으로 살아야 다른 사람의 모범이 된다. 알겠느냐?"

태양이는 어머니의 말씀을 항상 가슴에 새기고 살았는데, 막상 정직하게 고백한 자신에게는 벌을 주고, 속인 학생들은 봐주는 것이 부당하고 억울한 생각이 들었다.

며칠 동안 태양이는 고민했다. 학교에서 날마다 예배에 출석하는 것을 강요하고, 이것을 어기면 한 시간 동안 남아서 자습을 시키는 등 강제로 하는 것도 마음에 들지 않았다.

태양이는 결국 배재학당을 그만두었다. 입학한 지 1년 만의 일이었다.

일본인들하고는 일하지 않겠다

배재학당을 그만둔 태양이는 흥화학교에 입학을 했다. 고종 임금의 친인척인 민영환이 세운 학교로, 태양이는 그곳에서 우등생이 되어 상까지 받았다.

하지만 아내가 죽고, 할아버지도 돌아가시면서 집안 형편이 어려워졌다.

"구름아, 아무래도 학교를 그만두어야 할 거 같다."

태양이의 말에 구름이는 어쩔 줄 몰라 했다. 아무런 도움이 되지 못하는 자신이 안타까울 뿐이었다. 아내의 죽음은 물론이고, 믿고 의지하던 할아버지의 죽음은 태양이에게 다가온 첫 시련이었다.

흥화학교를 그만두고, 묘골 집으로 내려갔다.

아버지는 태양이를 불러 앉혔다.

"집안 형편이 옛날 같지 않으니, 너도 네 힘으로 살려면 직업이 있어야 하지 않겠느냐. 듣자 하니, 나라에서 세운 우무학당을 졸업하면 기술자로 취직이 잘 된다고 하더구나. 그곳에 입학하는 것이 어떠냐?"

우무학당은 우체국 일을 배우는 학교였다. 태양이가 사는 세상에서는 우체국이 만들어진 지 얼마 되지 않아 우체 업무를 보는 기술자가 거의 없었기 때문에 우무학당을 졸업하면 금방 취직이 되었다.

아버지의 말에 태양이는 좀 더 생각해 보겠다고 하며 자리에서 물러났다.

문밖에서 기다리고 있던 구름이가 초조한 눈빛으로 태양이를 보았다.

"부용산에 갈까?"

태양이의 말에 구름이는 가슴이 덜컥 내려앉았다.

벌써 3년. 엄마와 헤어진 지 3년이나 지났던 것이다. 그날 부용산 약수터에서 물을 마시고, '조선 스포-쓰 도장'이 있는 공원에서 엄마를 잃어버렸다. 엄마를 한시도 잊은 적이 없지만, 태양이와 배재학당을 다니느라 엄마에게 돌아갈 길을 찾는 것에 소홀히했다는 생각에 구름이는 마음이 울컥했다. 그간 키도 훌쩍 컸다.

'이러다 영영 못가는 건 아닐까? 엄마가 나를 알아보지 못하면 어쩌지?

그 생각에 눈물이 핑 돌았다.

"구름아, 너 엄마 생각하는구나."

"응? 으응……."

구름이는 얼른 눈물을 훔쳤다.

태양이는 그런 구름이를 위로해 주었다.

부용산에 오른 태양이와 구름이는 남한강을 바라보았다. 태양이는 태양이 대로, 구름이는 구름이 대로 생각에 잠겼다. 한참 강물을 바라보던 태양이가 말을 꺼냈다.

"나 우무학당에 들어가야겠어."

우무학당에서는 교장 선생님이 직접 학생들에게 공부를 가르쳐 주었다. 교장 선생님은 예의 바르고 뭐든지 금방 배우는 태양이를 눈여겨보았다.

"운형아, 너는 성실하고 뭐든지 빨리 배우는구나. 성적도 매우 좋고. 얼른 배워서 우무국 기술관이 되어라. 우리나라는 너처럼 능력 있는 기술자가 필요하단다."

"교장 선생님, 저도 우리나라에 보탬이 되는 사람이 되고 싶어요.

열심히 배우겠습니다."

　태양이는 그날그날 배운 내용을 연습하면서 우무국 기술관이 되겠다는 생각을 하게 되었다.

　하지만 태양이가 우무학당에 다니는 동안, 나라 안에는 큰 전쟁이 있었다. 당시는 세계의 힘센 나라들이 약한 나라들을 차지하려고 서로 다투던 때였다. 그때 우리나라는 나라의 힘이 없을 때라서 세계의 여러 나라가 우리나라를 호시탐탐 노리고 있었다. 가까운 이웃 나라인 일본, 중국, 러시아는 물론 미국, 영국까지도 넘보고 있었다. 이런 상황에서 러시아가 우리나라를 침범하자 일본은 우리나라에서 전쟁을 일으켰다. 러시아를 막는다는 핑계였지만, 실은 우리나라를 집어삼키려는 속셈이었다. 우리나라에서 벌어진 러시아와 일본의 전쟁은 일본의 승리로 끝이 나고, 일본은 이를 계기로 우리나라를 침략해 오기 시작했다.

　일본은 우리나라를 심하게 간섭하기 시작했다. 그 바람에 우무학당이 일본인의 손에 넘어가게 되었다. 교장 선생님도 일본 사람으로 바뀌었다. 이 사실을 안 태양이는 우무학당 학생 20여 명을 모아 일본인 교장 반대 운동을 일으켰다.

　"우무학당은 우리나라 것이다. 일본 교장은 물러나라."

"일본 교장은 물러나라."

반대 운동은 성공하지 못했다. 결국 태양이는 우무학당의 졸업을 한 달 앞두고 학교를 그만두었다.

태양이는 우무국 기술관으로 취직을 시켜주겠다는 통지서를 받았다. 하지만 태양이는 취직을 하지 않겠다고 했다.

"구름아, 일본 놈들이 내가 가지고 있는 우체 기술을 이용해서 우리나라를 빼앗는 데 쓸 게 분명해. 나는 우무국에 절대 취직하지 않을 거야. 지금 나보고 일본의 앞잡이가 되어 우리나라를 쳐들어오는 걸 두고 보란 거야?"

태양이가 화를 내며 말하자 구름이는 아무 말도 할 수 없었다. 태양이의 취직 소식을 듣고 태양이 아버지의 친구가 찾아왔다.

"운형아, 네가 벌써 취직 통지서를 받았다지? 축하한다. 요즘 같은 세상에 일찍 취직해서 가정에 보탬이 되는 것도 큰 효도다."

"저는 일본인이 주인인 우무국에 취직하지 않을 겁니다. 그건 나라를 팔아먹는 일과 같습니다."

"요즘 다들 일본 사람들이 운영하는 회사에 취직해서 다니는데 그게 무슨 문제가 된다고 그러는 거냐?"

"그건 나라를 팔아먹은 역적놈들 생각입니다."

"어허, 역적이라니 그게 무슨 말이냐? 돈을 벌어서 부모에게 효도하고 가족을 먹여 살리는 일이 왜 역적질이라는 것이냐?"

"일본 사람을 위해 일본인들과 일하는 것은 나라를 팔아먹은 역적이나 하는 짓입니다. 당신도 역적입니까?"

"……."

"운형아, 아버지 친구에게 이게 무슨 버릇없는 짓이냐? 당장 사과

하여라."

 태양이 아버지가 놀라며 말했다. 그러나 태양이는 끝까지 사과하지 않았다. 태양이는 '나는 절대 일본인들하고는 일하지 않겠다'고 다짐했다.

 구름이는 그런 태양이가 자랑스러웠다.

노비를 풀어 주다

우무학당을 그만둔 태양이는 매우 슬픈 소식을 들었다. 흥화학교를 세운 민영환 선생이 돌아가신 일이었다. 일본이 우리나라를 집어삼키기 위해 일방적으로 을사늑약_{러시아와의 전쟁에서 승리한 일본이 대한제국의 외교권을 박탈하기 위해 1905년 강제로 체결한 조약}을 맺었고, 이에 항의해 죽음을 택했다는 소식은 충격이었다. 태양이는 이대로 있으면 안 된다는 생각을 했다. 나라가 망해 가는데 편안히 책상에 앉아 공부를 할 수 없었다.

안창호_{독립운동가이자 정치가. 흥사단 등 단체를 설립하여 애국 운동과 교육 운동을 펼쳤다.} 선생의 연설을 듣고, 일본의 흉악스러운 계략을 알리기 위해 거리로 나섰다. 구름이는 그런 태양이를 보며 태양이와 같은 사람들 덕분에 편안히 공부를 할 수 있었다는 사실을 깨달았다.

태양이가 거리 연설을 막 나서려고 할 때였다. 태양이의 동생 운홍이 숨을 헐떡이며 대문 안으로 들어섰다.

"형님, 빨리 집으로 내려가셔야 해요. 아버지가 돌아가셨어요."

태양이의 가슴이 덜컥 내려앉았다. 숨 가쁘게 양평으로 향했다.

양평의 집에 들어서자 마당에 엎드려 '아이고, 아이고' 곡을 하며 큰 소리로 울고 있는 사람이 있었다. 누가 보면 그 아주머니의 부모님이 돌아가신 것처럼 보였다. 다가가 살펴보니 태양이가 어렸을 때 맛있는 쌀밥을 해 주던 아주머니였다. 태양이는 아주머니를 보자 옛

날 일이 떠올랐다.

그 아주머니는 쌀가게를 운영하여 살림이 넉넉했다. 그래서 태양이와 구름이에게 맛있는 쌀밥을 해 주곤 하셨다. 그러던 어느 날, 그 일을 태양이 아버지가 알고는 불같이 화를 냈다.

"감히 천한 상놈 주제에 양반집 도련님에게 밥을 먹이느냐? 돌쇠야, 저 미천한 것을 몽둥이로 매우 쳐라!"

태양이는 크게 놀랐다. 고마워해도 모자랄 판에 오히려 몽둥이질을 하라니, 태양이는 이해할 수 없었다.

"아버지, 이 세상에 신분이 높은 사람, 낮은 사람이 어디 있습니까? 사람은 모두 똑같은 사람입니다. 이 아주머니는 저를 귀엽게 여기셔서 쌀밥을 해 주셨는데 그게 어떻게 죄가 되는 겁니까? 우리 집이 매일 보리밥만 먹으니 맛있는 쌀밥을 일부러 해 주신 것입니다. 그 착한 마음을 이해하시고 이번 한 번만 용서해 주십시오."

"세상이 아무리 바뀌어도 양반은 양반이고 상놈은 상놈이다. 상놈이 돈 좀 있다고 양반에게 밥을 해 주다니 그게 말이 되느냐. 상놈이 해 준 밥을 얻어먹는 양반이 될 수는 없다."

태양이 아버지는 더욱 역정을 내며 소리를 질렀다. 그 아주머니는

땅바닥에 엎드려 용서해 달라고 빌었다. 태양이도 함께 마당에 엎드렸다. 이 광경을 본 구름이는 어쩔 줄 몰라 하며 쩔쩔매다가 자신도 태양이 옆에 함께 엎드렸다.

 태양이 아버지는 아이들이 쌀가게 아주머니와 함께 엎드려 용서를 빌자 당황해하며 방으로 들어갔다.

 다행히도 그 아주머니도 무사히 돌아가고 태양이도 방으로 들어왔다. 그날 이후, 태양이는 낮은 사람, 높은 사람, 천한 사람, 귀한 사람이 없는 세상을 만들겠다고 생각했다.

 태양이는 그때 일로 잠시 생각에 잠겼다가 그 아주머니에게 다가갔다.

 "아주머니, 그때 그렇게 아버지에게 봉변을 당하시고 어찌 이렇게 울고 계십니까?"

 "도련님, 도련님의 아버님께서 저를 야단치신 그날 이후 저희 쌀가게에 오셔서 쌀을 사 가셨지요. 오실 때마다 '내가 이렇게 쌀을 사서 가니 우리 아들에게 더는 쌀밥을 해 먹이지 않아도 된다'고 하셨습니다요. 요즘은 왜놈들이 하는 쌀가게가 많아져서 우리 가게 장사가 안 될까 봐 걱정도 하셨지요. 아는 분들도 많이 소개해 주셨고

몽양 여운형 이야기 85

요. 며칠 전에는 우리 집 애가 아프다고 귀한 약을 구해다 주셔서 병이 나았습니다요. 제가 도련님께 쌀밥을 해 준 것을 야단은 치셨지만, 양반이든 종이든 장사치든 모든 사람의 목숨은 똑같이 소중하다고 생각하시는 훌륭한 분이셨습니다. 그런 분이 돌아가셨으니 너무나 슬픕니다."

태양이는 망치로 머리를 두들겨 맞은 것 같았다.

'아버지도 사람은 누구나 소중하고 평등하다는 걸 아시는 분이셨구나.'

태양이는 아버지를 오해하고 미워한 것을 후회했다. 태양이는 돌아가신 아버지의 장례를 정성껏 치렀다.

얼마 후, 태양이가 갑자기 집안의 노비들을 모두 불러 모았다.

"그대들을 다 해방하노라. 지금부터 각기 자유롭게 행동하라. 이제부터는 상전도 없고 종도 없다. 그러므로 서방님이니 아씨니 하는 호칭부터 싹 없애라. 모든 인간은 태어날 때부터 평등하다. 주인과 종은 어제까지의 풍습이요, 오늘부터는 그런 옛날 풍습을 벗고, 제각기 알맞은 직업을 찾아가라."

"도련님, 저는 한 번도 이 집의 노비라고 생각한 적이 없습니다. 태양이 도련님께서 사람 대접해 주시고 가족처럼 아껴 주셨는데 자유롭게 풀어 준다니 무슨 말씀인지 모르겠습니다."

"그렇게 생각했다니 다행이구나. 그래도 너희들은 오늘부터 종이나 노비가 아니다. 나와 똑같은 인간이다. 그러니 그 증거로 너희들이 태어나서 죽을 때까지 죽어라 일을 해야 한다는 이 노비 문서를 불태우겠다."

노비 문서는 사람도 동물이나 물건처럼 누군가의 재산이라고 적어 놓은 종이를 말한다. 노비 문서를 태운다는 것은 이제는 누군가의 재산이 아니라 사람으로 인정을 받는다는 뜻이었다. 활활 타는 노비 문서를 보며 열 명 정도 되는 노비들은 어리둥절했다.

"도련님, 저희는 이제 어떻게 해야 합니까? 한 번도 자유롭게 살아 본 적이 없고, 어디로 가서 살 집도 없습니다."

"너희들이 살 곳을 찾을 때까지 도와줄 테니 걱정하지 말고 당분간 우리 집에 있어라. 다만 시키는 일은 하지 말고 하고 싶은 일을 하여라."

태양이가 노비를 모두 풀어 주었다는 소문이 나자 마을의 양반들이 태양이를 찾아왔다.

"이게 대체 어디서 배워먹은 버릇없는 짓이냐? 노비는 대대손손 집안의 재산인데, 함부로 재산을 풀어 주다니 있을 수도 없는 일이다. 당장 풀어 준 노비들을 불러 모아라."

"저는 그럴 마음이 없습니다. 이제 세상이 바뀌었습니다. 사람은 모두 평등합니다. 양반도 노비도 없는 세상을 만들어야 합니다. 우리는 이제 똘똘 뭉쳐 외적으로부터 우리나라를 되찾아야 합니다."

양반들이 찾아와 태양이를 혼내고 다그쳐도 태양이의 굳은 마음을 돌릴 수 없었다. 며칠이 지나 몇몇 노비들이 태양이를 찾아왔다.

"도련님, 저희가 여기에 머무는 것이 도련님에게 폐를 끼치는 것 같습니다. 도련님은 나라를 구하는 큰일을 하셔야 하는데 저희의 일자리를 구해 주시느라 고생이 너무 많으십니다. 그래서 저희는 도련님에게 짐이 될 거 같아 떠나려고 합니다."

"내가 나라를 구하려고 애쓰는 것을 이해해 줘서 고맙다. 우리나라가 독립을 하면 다시 만나자."

"네, 도련님. 저희도 나라를 구하기 위해 힘껏 노력하겠습니다."

노비들은 태양이에게 손을 흔들며 떠났다.

떠드렁섬으로 가자

어느덧 태양이는 청년이 되었고, 구름이도 제법 소년 티를 벗었다. 그 무렵 나라의 사정은 점점 더 위태로워졌다. 을사늑약을 체결한 일본은 우리나라를 식민지로 만들어 나가기 위해 온갖 수단을 다 쓰고 있었다. 일본의 침략으로부터 나라를 지키기 위해 의병이 전국에서 일어났다. 또한 일본이 나라의 재정을 장악하고, 강제적으로 돈을 빌리게 해 나라 빚이 눈덩이처럼 늘어났다. 일본은 또 그 빚을 빌미로 우리나라를 식민지로 만드는 구실로 삼았다. 이에 전국에서 나라의 빚을 갚아 일본을 물리치자는 운동이 일어났다. 이것이 국채보상운동이었다.

의병 나라에 외적이 침입했을 때 국민 스스로 군대를 조직하여 싸웠는데, 이를 의병이라고 한다.

"구름아, 우리도 나서자. 아직 여우 같은 일본의 속셈을 모르는 사람이 많다. 나가서 이를 알려야 한다."

태양이는 사람이 많이 모이는 장터로 나가기로 했다. 서둘러 장터로 가는 길에 마을 사람을 만났다.

"도련님, 어딜 그리 급하게 가십니까?"

"우리나라가 일본에 돈을 빌려서 갚지를 못했네. 그래서 나라가 통째로 일본으로 넘어가게 생겼네. 빨리 그 빚을 갚아야 우리나라를 구할 수 있네. 이러한 사정 얘기를 양평 시장에 가서 하고 돈을 모아야 하네. 글로 써서 알리는 것도 좋지만 말로 하는 게 더 빠르다고 생각해서 연설하기로 했네. 연설해서 모은 돈은 우리나라를 되찾는 데 힘이 될걸세."

"저희도 도련님을 돕겠습니다. 나라가 없으면 왜놈들이 시키는 대로 꼼짝도 못하고 살아야 하는 거잖습니까? 우리가 다 노비가 되는 겁니다. 그렇지요, 도련님?"

"그렇지. 나도 자네들도 다 일본의 노비가 되는 거지."

태양이의 말을 들은 마을 사람들이 서둘러 양평 장터로 향했다. 이렇게 태양이의 집에서 양평 장터까지 가는 동안 사람들이 모여들기 시작해 구름 떼같이 많은 사람이 장터에 도착했다. 구름이는 시장 곳곳을 다니며 사람들을 모았다. 태양이는 사람들이 많이 모인 걸 보고 난 후 단상으로 올라갔다. 태양이는 사람들을 쭉 둘러보았다.

그러자 사람들이 일제히 태양이의 잘생긴 얼굴과 빛나는 눈빛을 쳐다보며 조용해졌다. 태양이는 우렁찬 목소리로 연설을 시작했다.

"여러분, 저는 작은 것부터 실천하려고 합니다. 저는 담배 살 돈으로 국채보상운동에 참여할 것입니다. 담배 사는 작은 물방울과 같은 돈도 모이면 바닷물처럼 큰돈이 될 것이라는 걸 믿기 때문입니다. 저와 같이 국채보상운동에 참여할 분들은 묘골 여운형 집에 사무소를 마련할 테니 적은 돈이라도 모아 주시기 바랍니다."

태양이는 때론 담담한 목소리로 때론 천둥 같은 목소리로 몰려 있는 사람들의 마음을 움직였다. 태양이의 연설이 끝나자 박수가 이어졌고 여운형 집이 어디인지 물어보는 사람들이 줄을 섰다. 연설을 방해하려던 일본 경찰들도 넋을 놓고 여운형의 연설을 들었다. 태양이의 연설을 듣던 친일파 군수도 감동을 하여 '여운형 만세'를 외쳤다. 태양이의 훌륭한 연설은 곧 양평 전체에 퍼졌다. 노비든 양반이든 할 것 없이 국채보상운동에 참여하기 위해 태양이의 집에 몰려들었다. 태양이는 양평과 그 주위 지역까지 연설을 잘하는 사람, 천재적인 웅변가, 나라를 사랑하는 사람, 독립운동을 하는 사람, 국채보상운동을 하는 사람으로 소문이 났다.

"태양이 형, 내일 장날에도 연설을 듣기 위해 구름 떼 같은 사람이 몰리겠지?"

"구름아, 내일은 연설 장소를 다른 곳으로 옮기는 것이 어떨까? 지난번처럼 일본 경찰들이 방해하면 연설을 아예 못 할 거야."

"생각해 둔 곳이 있어?"

"잠깐 귀 좀 줘 봐. 내일 연설 장소 암호는 굴개굴개, 청개구리 섬, 정오, 어때?"

태양이가 구름이의 귀에 대고 소곤소곤 말했다. 양평에는 엄마 말과는 반대로 행동한 청개구리 이야기가 전해 오는 떠드렁섬이 있다.

양평 사람들은 청개구리 섬이라고 하면 모두 떠드렁섬을 떠올릴 정도로 누구나 아는 장소였다.

그러나 일본 경찰들은 그런 이야기를 모르고 있었다. 구름이는 아침 일찍 일어나 양평 시장으로 가서 사람들에게 암호를 전달했다. 일본 경찰도 장날마다 여운형이 연설을 하면 많은 사람이 모이는 것을 알기 때문에 비상이 걸렸다. 시장 곳곳을 다니며 혹시라도 여운형이 연설하는 장소를 마련해 놓았을까 봐 뒤지고 다녔다. 아침 순찰을 돌고 온 일본 경찰들이 경찰서장에게 보고했다.

"여운형의 그림자도 보이지 않고 그를 따르는 사람들조차 오늘은 보이지 않습니다. 어린아이들이 '개굴개굴이 아니라 굴개굴개' 노래를 부르며 돌아다닙니다."

일본 경찰은 보고를 하는 내내 고개를 갸우뚱거리며 말했다.

일본 경찰들을 비웃기라도 하듯이 낮 12시가 되자 태양이의 연설을 들으려는 사람들이 청개구리 섬, 바로 떠드렁섬에 모였다. 국채보상운동에 참여하려는 사람들이 가져온 돈이나 보석, 쌀, 소금 등은 태양이가 준비한 황포돛배에 실었다. 태양이는 감사의 말을 전했다. 사람들이 준비해 온 물건을 모두 배에 싣고 나자 태양이의 연설이 시작되었다. 태양이가 연설을 하고 있는데 멀리서 소란스러운 소리가 났다. 일본 경찰들이 '굴개굴개 청개구리 섬'의 암호를 풀고 떠드렁섬을 찾아온 것이다. 일본 경찰들이 태양이의 연설을 방해하러 온 것을 알고 사람들이 일제히 손을 잡고 일본 경찰들을 몸으로 막았다. 하지만 총과 칼로 우리나라 사람들을 위협하며 밀고 들어오는 일본 경찰들을 막을 수는 없었다. 일본 경찰들이 사람들을 동그란 모양으로 둘러싸서 바깥에서 안으로 몰아갔다. 그때 태양이가 풀어준 노비들이 일본 경찰들을 가로막았다.

"우리 태양이 도련님을 잡아가게 두지 않겠다."

"비켜라. 안 비키면 총으로 쏘겠다."

"죽어도 못 비킨다."

"탕, 탕, 탕."

총소리에 모두 놀란 사람들이 바닥에 엎드렸다. 그제야 일본 경찰들은 태양이의 연설을 듣기 위해 모인 사람들이 얼마나 많은지 알 수 있었다. 바닥에 엎드려 있는 사람들은 수백 명이나 되었다. 그러나 태양이의 모습은 찾을 수 없었다. 국채보상운동으로 모은 성금도 보이지 않았다.

그때 남한강을 따라 흘러가는 황포돛배가 보였다. 이미 태양이와 국채보상운동 성금을 실은 배는 저 멀리 서울의 국채보상운동 성금

집합소로 향하고 있었다. 일본 경찰들은 태양이의 배가 멀어져 가는 것을 어이없이 바라보았다. 바닥에 엎드려 있던 사람들이 천천히 일어났다.

태양이가 탄 배가 붉은 노을 속에서 점점 작아지는 걸 보았다. 사람들은 일제히 '와!' 하는 함성을 질렀다. 일본 경찰을 따돌리는 데 성공했다는 기쁨의 함성이었다. 그리고 배에 실은 성금이 조금이나마 나라의 빚을 갚는 데 도움이 될 거라는 생각이 들어 뿌듯했다.

우렁차게 울리는 함성소리를 들은 태양이는 배에서 일어났다. 두 손을 들어 힘차게 흔들어 주었다. 황포돛배에 성금을 가득 싣고 서울을 향해 노를 저어 가는 내내 황포 돛에 부딪쳐 나는 바람 소리가 슬픈 듯 아련하게 배 위에 울려 퍼졌다.

초당의숙에서 학생들을 가르치다

태양이가 일본 경찰을 따돌리며 국채보상운동을 하고 있다는 소문이 나자 어느날 한 사람이 태양이의 집을 찾아왔다.

"나는 경상도 의병대장 이강년이오. 여운형 당신이 의병 활동에 참여한다면 의병들의 사기는 하늘을 찔러 싸움마다 이기게 될 것이오. 함께 해 주면 좋겠소."

"지금은 아버지 상중부모나 조부모 등 친족이 세상을 떴을 때 그를 추도하기 위한 기간이라 곤란하오. 그 대신 고향에서 청년들을 가르치는 것으로 의병 활동을 대신하겠오."

태양이의 말을 들은 이강년은 총으로 싸우는 의병 전쟁도 중요하지만, 청년들을 가르쳐 나라의 힘을 기르는 것도 중요하다고 생각했다. 이강년은 태양이의 생각을 존중해 주며 물러났다.

그때부터 태양이는 자기 집 사랑방에 청년들을 모아 지리, 역사,

100 초당의숙에서 학생들을 가르치다

수학 등 새로운 학문을 가르쳤다. 태양이가 청년들을 모아 가르치는 학교의 이름은 광동학교였다. 광동학교가 알려지자 강원도 강릉에서 남궁억이라는 사람이 찾아와 함께 일을 하자고 요청했다. 남궁억은 초당의숙이라는 학교에서 학생들을 가르쳤다. 태양이는 남궁억의 간절한 요청을 받아들여 구름이와 함께 초당의숙으로 갔다.

초당의숙에서 공부를 하는 청년들은 배움에 대한 열정과 나라 사랑하는 마음이 매우 큰 학생들이었다. 태양이는 초당의숙에서 영어와 새로운 학문, 스포츠를 가르쳤다. 구름이도 태양이를 선생님이라 부르며 공부를 배웠다. 태양이의 가르침은 학생들에게 전달되었고, 학생들이 나라를 사랑하는 마음과 태도는 하루가 다르게 변해 갔다.

초등의숙의 학생들은 나날이 늘어갔다. 그러자 어느 날부터 학교 주변 솔밭에 낯선 사람들이 드문드문 나타났다 사라졌다. 태양이를 감시하는 일본 경찰이었다. 처음에는 초당의숙 밖에서 감시하던 일본 경찰은 초당의숙 안으로까지 들어와 감시하기 시작했다.

"우리 선생님은 공부를 가르치는데 왜 경찰들이 와서 지켜보지?"

학생들은 걱정했다. 어떤 날은 갑자기 교실로 들어와 학생들이 배우는 교과서를 들춰 보기도 했다. 그날도 밖에서 부스럭거리는 소리가 났다.

"선생님, 밖에 일본 경찰이 왔나 봐요?"

한 학생이 두려움에 질린 목소리로 속삭이듯 말했다.

"걱정하지 마라. 우리가 나라를 되찾으려고 공부를 하는 것은 잘못된 것이 아니다. 나라를 빼앗긴 백성들은 당연히 나라를 되찾아야 한다. 어려움이 있더라도 나라를 독립시켜야 한다. 어른들이 못하면 너희들이 해야 한다."

'우리 선생님은 공부만 가르치는 사람이 아니라 나라를 걱정하는 사람이구나.'

학생들은 생각했다. 태양이는 일본 경찰의 감시에는 아랑곳하지 않고 초당의숙 근처에 있는 초당 솔밭에서 학생들과 함께 축구와 야구를 하며 스포츠 정신도 가르쳤다. 학생들은 경기 전에 늘 나라 사랑 노래를 불렀다. 이 노래는 널리 퍼져서 강릉 사람들 모두가 즐겨 부르게 되었다.

무쇠 팔뚝 돌주먹 소년 남아야 애국의 정신으로 분발하여라
네 아무리 네 아무리 그리하여도
이 강산과 내 정신은 못 뺏으리라

태양이는 우리나라가 다른 나라로부터 침략을 받은 이야기와 우리는 어떻게 침략을 막아 내야 하는지에 대한 수업을 했다. 수업이 끝난 후 나라 사랑 노래를 불렀다. 이때 경찰이 교실로 들어왔다. 경찰들은 태양이를 밖으로 끌고 가려 했다. 구름이가 경찰들에게 달려들며 말했다.

"우리 선생님을 왜 잡아 가요? 그 손 놔요."

아이들이 일본 경찰들을 잡고 문을 막아섰다. 일본 경찰들은 총을 높이 들며 소리쳤다.

"물러서라! 안 그러면 총을 쏘겠다."

하지만 구름이는 두 팔을 벌리고 꿈쩍하지 않았다. 그러자 일본 경찰은 탕, 탕, 하늘을 향해 총을 쏘았다. 구름이는 두 눈을 꼭 감았다.

"물러서지 못할까?"

경찰은 구름이의 멱살을 세차게 잡아챘다.

"아이들을 건들지 마라!"

구름이가 다칠 것을 염려한 태양이가 일본 경찰에게 소리쳤다. 태양이의 준엄한 목소리에 일본 경찰이 흠칫했다. 태양이는 구름이를 지긋하게 바라보며 말했다.

"구름아, 뒷일을 부탁한다."

그리고는 일본 경찰을 따라 나섰다.

구름이와 학생들은 경찰서 앞에 가서 시위했다.

"선생님을 돌려 달라. 여운형 선생님은 훌륭한 분이다."

"여운형 선생님은 아무 잘못도 없다. 선생님을 석방하라."

학생들은 목소리를 높여 외쳤다. 일본 경찰들은 학생들이 시위를 멈추지 않으면 학교 문을 닫을 거라고 협박을 했다.

구름이와 학생들은 어쩔 수 없이 돌아왔다. 그날부터 구름이와 학생들은 쪽지에 '여운형 선생님을 돌려 달라'는 글을 써서 매일매일 경찰서 앞에 붙이고 달아났다. 여운형 선생님이 일본 경찰에 붙잡혀 갔다는 내용의 쪽지를 마을에도 돌렸다. 마을 사람들도 태양이를 구하기 위해 노력했다. 이런 노력에도 불구하고 태양이는 경찰서에서 쉽게 풀려나지 못했다. 태양이가 없는 초당의숙 학생들은 점점 공부할 의지를 잃어갔다. 구름이도 의기소침해졌다.

그러던 어느 날, 구름이는 일본 경찰에 잡혀 가던 태양이가 '뒷일을 부탁한다'는 말을 했던 걸 떠올렸다.

"태양이 형님의 말씀을 기억해야 해. 태양이 형님처럼 나도 나라를 독립시키려면 청년들에게 공부를 가르쳐야 한다. 초당의숙은 계속 이어져야 한다. 나도 일본 경찰에 잡히면 죽을 수도 있을 것이다.

하지만 나는 이 길을 가야겠다."

 구름이는 두 눈을 빛내며 다짐했다. 그날 이후 초당의숙에서는 나라 사랑 노래가 또다시 울려 퍼졌다. 감옥에 갇혀 있던 태양이는 구름이가 초당의숙 선생님이 되어 학생들을 가르치고 있다는 소식을 듣고 매우 기뻐했다.

 "구름아, 너도 이제 독립운동가가 되었구나."

 태양이가 기쁨에 차서 중얼거렸다.

 얼마 후 태양이가 감옥에서 풀려나 초당의숙으로 돌아왔다. 구름이와 학생들은 뛸 듯이 좋아했다. 그러나 이런 기쁨은 얼마 가지 못했다. 일본이 쓰는 연호를 초당의숙에서 쓰지 않는다고 트집을 잡아 학교 문을 닫게 했다. 나라마다 사용하는 연호왕이 나라를 다스리는 국가에서 왕이 다스리는 해에 붙이는 기간 동안의 이름가 다른데 일본은 우리나라를 쳐들어와서 우리나라가 쓰는 연호 대신 일본이 쓰는 연호를 강제로 쓰게 한 것이다. 일본 경찰은 계속해서 초당의숙 문을 닫으려고 협박을 했다. 초당의숙이 공부를 가르치는 학교일 뿐 아니라 독립운동 교육을 학생들에게 한다는 것을 알았기 때문이다. 결국, 일본 경찰은 초당의숙의 문을 강제로 닫았고, 태양이와 구름이에게는 강릉에서 떠나라고 했다.

태양이는 몸에 기운이 빠지고 정신이 멍해졌다. 태양이와 구름이가 꿈꿨던 우리나라의 독립운동 방법은 초당의숙에서 학생들을 열심히 가르쳐서 학생들도 훌륭한 독립운동가로 만드는 것이었다. 초당의숙이 문이 닫히자 태양이와 구름이의 꿈은 사라지게 되었다. 꿈을 잃은 태양이와 구름이는 방황을 했다.

중국으로 떠나는 태양이

초당의숙에서 나온 태양이와 구름이는 나라 잃은 설움을 뼈저리게 느꼈다. 일본은 이미 우리나라를 다 집어삼킨 것이나 마찬가지였다. 전국에서 의병들이 들불처럼 일어나고, 국채보상운동으로 나라 빚을 갚기 위해 그처럼 노력했지만, 일본의 총칼 앞에 무너져 갔다.

"구름아, 나라는 망했어도 우리나라의 산과 강은 여전히 아름답구나. 우리는 이제 어디로 가야 하니?"

"형, 할아버지가 우리에게 말씀하셨던 거 기억해? 나중에 커서 중국에 가서 활동해야 한다는 말씀 말이야. 기억하지?"

"그래, 중국으로 가자. 일본 놈들 감시가 심해서 우리나라에서 독립운동을 하는 건 힘들어. 우리는 중국으로 가서 독립운동을 하자."

태양이와 구름이는 중국으로 가기 전에 우리나라에서 가장 아름다운 금강산을 보고 떠나기로 했다. 구름이가 사는 세상에서 금강산은 북한에 있어서 남한에 사는 구름이는 남북한 통일이 되지 않으면 갈 수 없는 곳이었다. 구름이는 북한에 있는 금강산을 보러 간다는 것이 신이 났지만 태양이 앞에서 표현할 수는 없었다. 태양이가 사는 세상은 남한과 북한이 하나의 나라여서 좋다고 생각했다. 태양이와 구름이는 금강산을 보기 위해 길을 떠났다.

'황소의 등줄기 같은 산등에 삐죽삐죽 나와 있는 큰 바위들이 추위에 메말라, 마음이 쓸쓸하고 무겁구나.'

태양이가 길을 떠나 가장 많이 한 생각이었다.

드디어 금강산에 도착한 태양이와 구름이는 '야호'를 외쳤다. 그 소리는 산울림이 되어 돌아왔다.

"대한 독립 만세"

"대한 독립 만세"

"대한 독립 만세"

태양이와 구름이는 목소리가 나오지 않을 때까지 '대한 독립 만세'를 목놓아 외쳤다. 우리나라가 독립하는 그날을 상상하는 것만으로도 기뻤다.

"구름아, 이렇게 아름다운 금강산을, 이렇게 아름다운 우리나라를 꼭 되찾고야 말겠어."

110 중국으로 떠나는 태양이

태양이가 눈물을 글썽이며 말했다. 구름이도 옆에서 조용히 고개를 끄덕였다. 태양이와 구름이는 금강산을 보고 난 후 양평 고향으로 돌아왔다가 서울로 향했다.

서울에 온 태양이는 기독교 교회에서 일했다. 태양이는 일요일이면 서울로 가서 예배를 보고 설교를 들었다. 그리고 이동녕, 이준, 주시경과 같은 유명한 독립운동가들도 만났다. 그들을 만난 태양이는 교회 일을 하면서도 우리나라를 되찾기 위해 노력했다. 태양이는 다시 고향으로 돌아와 중국으로 갈 계획을 세웠다. 중국에 가서 공부하고 독립운동을 하려면 많은 돈이 필요했다. 태양이는 어떻게 돈을 마련할지 고민을 했다.

"형! 중국에 가면 돈이 많이 들 거야. 그래서 중국은 형 혼자 가는 게 좋겠어. 나는 우리나라에 남아 청년들을 가르칠게. 돈이 마련될 때마다 형에게 보낼 테니 돈 걱정은 너무 하지 마. 우리나라의 독립만 생각해 줘."

"구름아, 고맙다."

구름이의 격려 덕분에 태양이는 중국으로 떠날 수 있게 되었다. 중국에 도착한 태양이는 보고 듣고 느낀 내용을 구름이에게 편지를 써서 알려주었다.

구름아, 중국 만주에 있는 신흥무관학교를 둘러보았다. 신흥무관학교는 독립운동가들이 세웠고 독립 의병 활동을 할 수 있는 군인을 키우는 군사학교란다. 교장 선생님이 반갑게 맞아 주어 다행이었다. 그런데 생각한 것보다 학교가 작고 시설이 부족해서 실망했단다. 우리가 일본을 상대로 싸우려면 더 큰 힘이 필요해. 무엇이 필요한지는 중국에 있는 대학을 다니면서 알아봐야겠다. 고향의 광동학교 운영은 잘 되는지 궁금하구나.

태양이는 중국 난징에 있는 진링대학 영문과에 입학했다. 태양이는 대학에서 삼 년 동안 중국 청년들과 어울려 이야기를 나누고 밤낮으로 공부했다. 그래서 영어와 중국어를 자유자재로 말할 수 있는 수준이 되었다.

구름아, 진링대학을 나와 상하이에서 미국인 피치 박사가 운영하는 책방에 근무하고 있다. 적지만 생활비를 벌고 있으니 너무 걱정하지 않아도 된다. 요즘은 우리나라 사람들이 만든 단체에서 유학 온 청년들을 돕는 일을 하고 있다. 우리나라 유학생들이 가고 싶은 곳으로 배를 타고 갈 수 있게 내가 맡아 처리하고 있지. 양평 집은 평안한지, 광동학교는 어떤지 궁금하구나. 건강한 모습으로 만나자.

구름이는 태양이의 편지를 받고 기쁜 일이 있으면 자기 일처럼 좋아했고, 힘든 일이 있으면 도와줄 수 없는 안타까움에 잠을 못 잤다. 구름이는 태양이가 돌아오는 날이 우리나라가 독립하는 날이라는 생각을 하며 양평 광동학교에서 학생들을 가르쳤다. 광동학교는 구름이 덕분에 학생 수가 많아졌고, 마을 사람들이 가져다주는 책, 붓, 쌀 등으로 운영이 잘 되었다. 구름이는 광동학교 학생들이 태양이처럼 독립운동가가 되기를 바랐다. 그런데 어느 날, 태양이에게서 온 마지막 편지는 알 수 없는 내용으로 가득했다.

> 구름아, 나는 중국 상하이 임시 정부에서 일하고 있단다. 일본 놈들이 나를 일본으로 초청하겠다는 연락이 왔다. 나를 꾀어서 일본 편을 드는 연설을 시키려고 하는구나. 나는 일본에 절대 넘어가지 않을 거다. 고민을 많이 했는데 독립운동가이신 안창호 선생님의 격려 덕분에 일본 도쿄로 가기로 했다. 그 대신 일본에 조건을 걸었어. 마음대로 행동할 수 있는 자유를 달라고 했고, 내가 생각하는 대로 연설할 수 있는 자유를 달라고 했다. 구름아, 당분간 편지를 못 쓰더라도 아무 일 없을 테니 나를 믿고 기다려 주길 바란다.

이 편지 이후에 태양이에게서 다시는 편지가 오지 않았다.

일본에서 웅변하다

"그럴 리가 없어. 태양이가 그럴 리가 없다고……."

"구름이 선생님, 여운형 선생님이 신문에 났어요. 그런데 이게 어찌 된 일인가요? 태양이 선생님이 일본에서 일본 편을 드는 연설을 한다는 게 사실인가요?"

"신문에 배신자 여운형, 매국노 여운형, 여운형이 나라를 팔아먹었다고 났어요."

"그럴 리가 없어. 태양이는 절대 그런 사람이 아니야."

신문에 난 태양이 얘기를 들은 사람들은 모두 태양이를 욕했다. 구름이는 태양이가 나라를 팔아먹었다는 것을 절대 믿지 않았다. 구름이는 태양이에게 무슨 일이 생겼는지 너무 걱정이 되어 병이 났다. 며칠을 앓아누웠고 광동학교 문까지 닫았다. 그렇게 며칠이 지나 학생들이 찾아왔다.

"구름이 선생님, 일어나 보세요. 이 신문을 보세요. 어서요."

"……."

"제가 대신 읽어 드릴게요. 위대한 독립운동가 여운형이 일본을 뒤흔들어 놓고, 우리나라의 독립을 세계에 알렸다."

학생이 또박또박 신문을 읽어나갔다.

"여운형은 일본 정치가들의 초청을 받아 일본에서 연설을 할 계획이었다. 이 소식을 들은 우리나라 사람들은 여운형을 나라 팔아먹은 매국노라고 불렀다. 그러나 여운형은 일본의 도쿄에 있는 제국 호텔에서 일본 정치인, 기자들, 외국 특파원 500여 명을 모아 놓고 우리나라가 일본으로부터 독립을 해야 한다고 말했다."

그때 구름이가 자리에서 일어나 앉아 학생이 들고 있던 신문을 달라고 해서 기사를 읽기 시작했다.

"여운형의 연설을 들은 일본 정치가 중 몇몇은 여운형의 연설에 감동을 받아 눈물을 흘리며 조선을 독립시켜 주자고 외쳤다. 일본 장관은 여운형의 논리에 감동을 하여 '여운형 만세'를 외쳤다. 일본에 머물던 외국 특파원들은 여운형의 연설 내용을 자기네 나라 신문에 싣기도 했다. 여운형의 연설이 끝나자 일본 사람들도 박수를 보냈다. 다음 날, 일본 신문에는 이런 신문 기사가 났다. '일본 정치계

118 일본에서 웅변하다

는 발칵 뒤집혔다. 이번 연설로 여운형은 하룻밤 사이에 국제적인 인물로 떠올랐고, 그의 이름은 더욱 높아졌다. 일본 정치가들이 여운형 한 사람한테 당해서 모두 물러날 위기에 빠졌다. 여운형이 일본의 중심에 서서 조선이 독립한 나라라고 밝혔다.' 이렇게 여운형은 목숨을 걸고 일본인들 앞에서 통쾌한 연설을 했다. 우리나라의 모든 국민은 여운형에게 박수를 보내야 한다. 훌륭하다, 여운형!"

신문을 읽던 구름이가 마침내 눈물을 흘리기 시작했다.

"저희는 여운형 선생님의 이런 뜻도 모르고 매국노라고 욕을 했습니다. 너무 한심하고 후회가 됩니다. 구름이 선생님, 저희를 용서해 주세요."

"괜찮네. 선생님은 자네들 모두를 용서할 테니 걱정하지 말게."

"여운형 선생님이 자랑스러워요."

"나도 그렇게 생각하네."

"여운형 선생님이 연설하신 글도 읽어 볼까요?"

"그렇게 해 주겠나?"

구름이와 학생들은 숨을 죽이고 신문에 난 태양이의 연설을 읽기 시작했다.

"배고픈 사람은 먹을 것을 찾고 목마른 사람은 마실 것을 찾는 것이 당연합니다. 이것을 막을 사람이 있겠습니까! 일본인도 당연히 그렇게 하는데 우리나라 사람이 그렇게 못하면 되겠습니까! 일본인이 인간답게 살아갈 권리가 있다는 것을 한국인이 알고 있습니다. 한국인도 인간답게 살아갈 권리가 있다는 것은 하늘도 허락한 일입니다. 그런데 일본은 왜 우리나라 사람들의 인간답게 살아갈 권리를 방해하는 것입니까?"

신문을 읽던 학생은 일본인들이 우리에게 했던 온갖 나쁜 일들이 떠올라 더 이상 신문을 읽지 못했다. 다른 학생이 신문을 전달받아 이어서 읽기 시작했다.

"어느 집 새벽닭이 울면 이웃 닭이 따라 우는 것은 때가 되어 우는 것이지 남이 운다고 따라 우는 게 아닙니다. 이처럼 조선의 독립운동 또한 때가 되어 일어난 것이지, 결코 다른 나라가 시켜서 한 일이 아닙니다. 이제 조선 사람은 화산 같은 애국심이 폭발했습니다. 붉은 피와 생명으로써 나라의 독립을 위해 모든 것을 바치겠다는 생각을 과연 누가 무시할 수 있겠습니까?"

태양이의 연설문을 읽던 학생의 목소리가 떨렸지만 힘이 실렸다. 구름이는 태양이의 연설문을 들으며 눈을 감고 눈물을 흘렸.

태양이가 일본에서 연설을 한 그해는 3·1 운동이 일어난 해였다.

1919년 3월 1일, 우리나라의 모든 국민이 손에 태극기를 들고 일본에 저항하며 평화적으로 대한 독립 만세를 외쳤던 날이었다. 일본인들은 전국에서 일어난 3·1 운동에 당황해서 우왕좌왕했고 우리 국민의 독립심에 겁을 먹고 우리나라 국민들을 총으로 쏘아 죽이는 일도 저질렀다.

3·1 운동의 기억과 독립에 대한 믿음으로 가득 찬 태양이의 연설은 마치 사자가 우렁차게 울부짖는 것 같았다. 자신의 주장을 펼치는 모습이었다. 태양이가 일본 도쿄에서 한 연설은 한국인들은 말할 것도 없고 일본인들의 마음을 파고들었다. 태양이의 연설 소식을 들은 일본인들은 다 같이 이렇게 말했다.

"어떻게 저런 조선 사람을 초대해서 저런 명연설로 우리 일본에 먹칠할 수 있단 말인가!"

이런 항의가 잇따라 나오면서 여운형을 일본에 초청했던 일본의 정치인들 전체가 한꺼번에 자리에서 물러나게 되었다. 여운형 한 사람의 여설 때문에 일본 전체가 발칵 뒤집힌 것이다.

태양이는 일본에서 연설을 마치고 고향 양평으로 돌아와 구름이를 만났다.

"태양이 형님, 훌륭한 연설로 일본을 뒤집어 놓았다는 신문 기사

122 일본에서 웅변하다

를 읽었어요. 나는 형이 우리나라의 독립을 위해 멋진 일을 해낼 거라고 믿었습니다."

"나를 믿고 격려해 줘서 고맙다. 구름이 자네가 없었다면 해내지 못했을 거다."

태양이가 구름이에게 손을 내밀었다. 구름이가 태양이의 손을 힘차게 마주 잡았다. 둘은 손을 마주 잡은 채 기쁨의 눈으로 서로를 바라보았다.

나라의 독립을 위해

태양이의 손을 잡고 한참 바라보고 있을 때, 태양이가 한쪽 눈을 찡긋했다. 구름이는 순간, 어디선가 본 느낌이 들었다.

"아, 엄마!"

구름이가 소리를 질렀다.

그때였다. 아득한 낭떠러지에 떨어지는 느낌이 들면서 구름이는 그 자리에서 정신을 잃었다.

얼마나 지났을까?

구름이는 서서히 눈을 떴다. 구름이는 깜짝 놀랐다. 눈앞에는 팔씨름 기계가 있었고, 그 팔씨름 기계가 바로 태양이였던 것이다. 구름이는 너무 놀라 어리둥절했다. 그때 엄마가 구름이를 부르는 소리가 들렸다.

"어, 내가 아직 열 살이네."

"구름아, 그게 무슨 말이야? 네가 열 살이지, 그럼 몇 살이니?"

"엄마, 엄마, 제가 엄마를 얼마나 찾았는데요. 엄마, 너무 보고 싶었어요."

"구름아, 무슨 말이야? 너는 계속 여기에 있었는데 엄마를 찾았다니 그게 무슨 말이야?"

"엄마, 저도 어떻게 된 건지 모르겠어요."

구름이는 자신이 태양이가 살던 시대에서 살다가 왔다는 이야기를 믿어 주지 않을 것 같았다.

구름이는 멋쩍게 웃어 보였다.

"엄마, 엄마! 제가 이야기 하나 해 드릴까요? 옛날, 그러니까 우리나라가 일본의 식민지였을 때 이야기요."

"네가 그 시대의 이야기를 안단 말이니?"

엄마는 놀라는 표정을 지었다.

"응……."

"어떤 이야기인데?"

구름이는 태양이를 떠올리며 이야기를 시작했다.

"엄마, 옛날 고종 임금 시절이에요. 여기 양평에 태양이라는 아이가 있었어요. 태양이는 열네 살에 결혼했고요, 또 노비도 풀어 주었어요."

엄마가 빙긋이 웃으며 말했다.

"태양이가 훌륭한 아이인가 보구나. 옛날에 노비를 풀어 주는 건 쉬운 일이 아니었을 텐데 말이야."

"엄마, 태양이는 어릴 때부터 사람은 누구나 평등하다는 생각을 하고 있었어요. 그래서 아버지가 돌아가시자 노비들을 모두 풀어 주

었어요. 그 소식을 들도 다른 양반들이 태양이를 욕하고 혼내 주려고 했어요. 그래도 태양이는 그렇게 했어요."

"태양이는 왜 그랬을까? 옛날에는 양반, 상민, 천민과 같이 신분이 있던 때였는데 말이다. 노비는 양반의 재산이라고 생각하는 시대였단다."

"그리고 태양이는 우리나라가 일본에 빚을 많이 져서 그 빚을 갚자는 연설도 했어요. 연설하다가 일본 놈들이 죽이려고 했는데 태양이가 풀어 준 노비들이 태양이를 구해 줬어요."

"노비들이 구해 줘서 태양이가 목숨을 건졌구나. 일본 사람들한테서 우리나라를 구하려다가 돌아가신 독립운동가들이 많은데 노비들 덕분에 태양이가 살아서 다행이다."

"음, 또 학교를 세워 아이들도 가르쳤는데요, 일본 경찰들이 태양이를 잡아가려고 했는데 태양이가 당당하게 말했어요. 나라 잃은 사람이 자기 나라를 되찾으려고 하는 건 당연한 일이라고요."

"그래, 태양이라는 아이의 말이 옳은 말이다. 태양이처럼 우리나라를 되찾고 나라를 지키려는 분들이 있어서 오늘의 우리가 있는 거란다. 우리나라가 일본에 나라를 빼앗겼을 때 우리나라를 되찾기 위해 독립운동을 하신 분들이 많이 있어. 유명한 독립운동가 중에 양평이 고향인 분도 있단다. 몽양 여운형 선생님이지."

"엄마가 태양이, 아니 여운형 선생님을 어떻게 알아요?"

엄마는 구름이를 보며 빙긋 웃었다.

"왜 몰라. 우리 고장의 큰 인물인데. 몽양 여운형 선생은 우리나라가 일본으로부터 독립을 할 수 있게 많은 일을 하셨단다. 우리나라가 일본으로부터 독립을 한 후에는 우리나라 사람들이 생각이 서로 달라 싸울 때였는데 그런 우리나라 사람들을 하나로 합치려고 많은 노력을 하셨지. 그런데 결국 총을 맞고 돌아가셨지."

"총에 맞았다구요?"

"그래."

구름이의 눈에 금방 눈물이 맺혔다.

"구름아, 너무 슬퍼하지 마라. 몽양 여운형 선생은 우리나라가 일본으로부터 독립하는 것도 도왔고 독립을 한 후에는 우리나라를 바로 세우기 위해 노력했어. 또 남한과 북한으로 나뉘지 않도록 많은 노력을 했지. 그때 당시에 우리나라 대통령이 누가 되면 좋겠냐는 설문 조사에서 여운형이 일등을 했으니 아주 인기가 많고 국민에게 존경받는 훌륭한 분이라는 걸 알 수 있지."

"태양이가 그렇게 훌륭한 사람이 될 거라는 걸 저는 알고 있었어요. 태양이는 가슴속에 항상 온 세상을 환하게 밝히는 해를 갖고 살았거든요. 저는 태양이, 아니 여운형 선생님 덕분에 우리나라를 사랑하는 마음을 갖게 되었어요."

"구름아, 구름이 네 안에 태양이 선생님이 있는 거 아니니? 어떻게 몽양 여운형 선생님처럼 말하니?"

"엄마, 정말 내 안에 태양이 있는 거예요?"

"그럼, 태양과 구름이 늘 가까이 있지 않니? 태양이 비추지 않는 곳이 어디 있니? 태양이 비출 때는 따뜻하지만 구름이 태양을 가리면 서늘해지지. 이 세상에서 살아가는 사람이나 자연이나 따뜻함과 서늘함이 모두 필요하단다. 태양이 뜨고 구름이 가렸다가 또 태양이 뜨고 구름이 걷히고 이렇게 태양과 구름은 늘 가까이 있단다."

 엄마의 말을 들은 구름이는 자기 안에 태양이가 있다는 생각이 들자 외롭지 않았다. 구름이가 사는 세상은 태양이의 세상과는 아주 달랐지만 구름이도 태양이처럼 온 세상을 환하게 밝혀 주는 사람으로 살겠다고 다짐했다.

 구름이와 엄마는 벤치에서 일어나 자전거를 타고 '조선 스포-쓰 도장'을 떠났다. 저 멀리로 사라지는 구름이의 뒷모습을 보며 몽양 여운형 팔씨름 기계가 찡긋 윙크를 했다.

> 더 알아두기

몽양 여운형 선생은……

    1886년 경기도 양평의 묘골에서 태어난 몽양 여운형 선생은 우리나라가 일제의 침략으로 식민지가 되었을 때 나라의 독립을 위하여 힘쓴 독립운동가입니다. 열다섯 살이 되던 해 서울의 신식 학교인 배재학당에 입학하였지만,

여운형 선생.

1945년 무렵 연설하는 모습.

중도에 그만두고 흥화학교를 거쳐 통신 기술을 가르치는 우무학당에 들어갔다. 그러나 학교가 일본인 손에 넘어가자 그만두고 고향으로 내려왔습니다.

　일제가 억지로 우리나라에 떠넘긴 빚 때문에 나라가 위태로워지자 양평에서 국채보상운동을 시작합니다. 훤칠한 키와 수려한 외모, 그리고 늠름한 목소리로 양평 시장에서 나라 빚을 갚자는 연설을 해 사람들의 열렬한 지지를 받았습니다.

　일제의 강제조약으로 결국 나라가 식민지가 되자, 청년들을 가르쳐서 나라를 되찾아야 한다는 생각으로 광동학교를 설립하였고, 애국지사인 남궁억 선

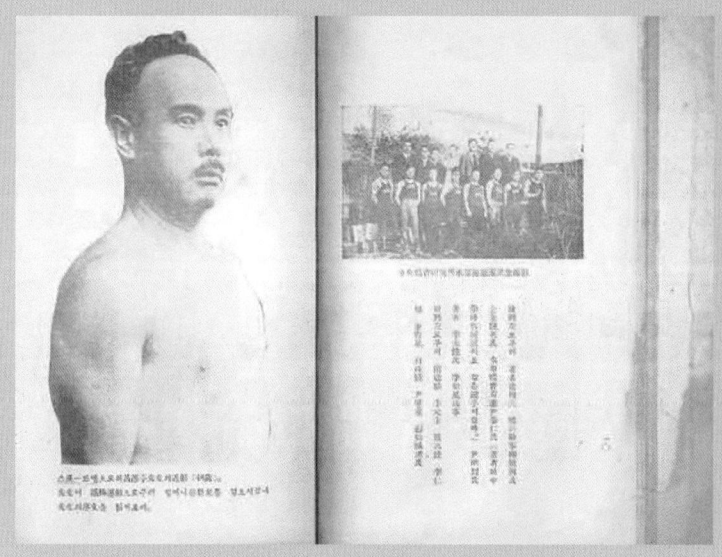

운동에 뛰어났던 여운형 선생은 1930년 『현대 철봉 운동법』이라는 책의 모델이 되기도 했다.

경기도 양평군 신원리에 있는 여운형 선생의 생가와 기념관.

생의 권유로 강릉의 초당의숙에서 청년들 교육에 힘썼습니다.

1914년 중국으로 건너가 항일운동을 하였으며, 1919년 상하이 임시 정부 수립에 힘쓰고, 인성학교를 설립해 학생들의 교육에 매진했습니다.

1944년 일제가 전쟁에서 패할 것을 예상하고 독립적인 국가 건설을 위하여 조선건국동맹(건국동맹)을 조직하고 위원장으로 활동하였고, 1945년 해방이 되자 건국 준비를 위해 조선건국준비위원회(줄여서 건준이라고 함)의 결성을 주도하고 위원장으로 활동하였습니다.

해방 후 나라가 남북으로 갈라지자 여운형은 분단된 나라는 의미가 없다고 판단, 남북한 통일된 나라를 위해 온힘을 쏟았습니다. 그리하여 통일된 임시 정부 수립을 위해 노력하다가 반대하는 세력에 의해 여러 번 테러를 당하기도 했고, 1947년 결국 반대파의 총격에 의해 안타까운 죽음을 맞았습니다.

2005년 건국훈장 대통령장이 추서되었고, 2008년 건국훈장 대한민국장이 추서되었습니다.

현재 양평군에는 몽양 여운형 선생의 생가와 업적을 전시하는 몽양 여운형 기념관이 있습니다.